高校教师信息化教学能力培养

何婷婷◎著

文化发展出版社
Cultural Development Press
·北京·

图书在版编目（CIP）数据

高校教师信息化教学能力培养 / 何婷婷著 . — 北京 : 文化发展出版社，2023.12
ISBN 978-7-5142-4263-8

Ⅰ . ①高… Ⅱ . ①何… Ⅲ . ①高等学校－计算机辅助教学－教学能力－师资培养－研究 Ⅳ . ① G434

中国国家版本馆 CIP 数据核字 (2024) 第 025217 号

高校教师信息化教学能力培养

何婷婷　著

出 版 人：武　赫
责任编辑：张宝平　　　责任校对：岳智勇
责任印制：邓辉明　　　封面设计：谢婉莹
出版发行：文化发展出版社（北京市翠微路 2 号 邮编：100036）
网　　址：www.wenhuafazhan.com
经　　销：全国新华书店
印　　刷：天津和萱印刷有限公司

开　　本：710mm × 1000mm　1/16
字　　数：210 千字
印　　张：10.5
版　　次：2024 年 7 月第 1 版
印　　次：2024 年 7 月第 1 次印刷

定　　价：72.00 元
I S B N：978-7-5142-4263-8

前 言

人类在开展教育教学活动时需要借助辅助介质进行知识与技能的传授，这种辅助介质随着时代的发展不断地更新迭代，从最初的口耳相传到书籍文字，再到现在的电子化和数字化媒介。随着时代的发展，教师教育教学能力的内涵也在不断丰富。最初的要求是具备某方面的知识和技能以及口语表达能力，后来又增加了文字读写能力，到了信息化时代，教师除了精通学科知识内容、掌握学科教学法，还必须具备信息化教学能力。教育教学能力内涵发展的轨迹与社会、经济、技术发展的轨迹始终保持一致，是不随个人好恶而改变的客观事实。因此，高校教师应紧随信息时代前进的步伐，不断提升自身信息化教学能力，从而促进自身专业发展。

进入 21 世纪以来，信息技术已渗透到经济发展和社会生活的各个方面，人们的生产方式、生活方式以及学习方式正在发生深刻的变化，全民教育、优质教育、个性化学习和终身学习已成为信息时代教育发展的重要特征。面对日趋激烈的国力竞争，世界各国普遍关注信息化教育在提高国民素质和增强国家创新能力方面的重要作用。在国务院颁布的《国家中长期教育改革和发展规划纲要（2010—2020 年）》中明确提出，要强化信息技术应用，提高教师应用信息技术水平，更新教学观念，改进教学方法，提高教学效果。教育部也针对信息化教育制定了《信息化教育十年发展规划（2011—2020 年）》，其主要目标是对中国传统的教学模式进行革新，以培养出具有创新精神的人才。这个规划旨在改变中国传统的教学方式，以培育出具有创新能力的人才。

本书第一章为信息化教育，主要对信息时代的教学变革、信息化教育的基本理念与原则、信息化教育的宏观趋势和关键技术及应用、信息化教育与传统教育的差异和信息化教育带来的挑战及应对方法五个方面进行了详细介绍；第二章为信息化教学设计，围绕着信息化教学设计概述、学生的特征分析、教学目标设计、教案设计、教学策略分析和教学评价设计六个方面进行详细论述；第三章为信息化环境下高校教师教学能力的发展，主要对信息化环境下的教师发展理念、信息化环境下教师教学能力的转型、信息化环境下教师教学能力的重构以及信息化环境下教师教学能力的发展策略四个方面分别进行了阐述；第四章为高校教师信息化教学能力培养手段，主要围绕着深化职前培训、设计实施教师信息化教学能力培训项目、开展信息化课程教学实践以及举办信息化教学能力竞赛四个方面进行了详细的介绍；第五章为高校教师信息化教学资源的获取与运用，主要对信息化教学资源概述、国内常见的信息资源检索平台、高校教师信息化资源的获取方式和高校教师信息化资源的加工方法四个方面进行了详细阐述；第六章为高校教师信息化教学课件的设计与制作，围绕着课件制作与理论基础、课件设计与制作技巧以及课件设计与制作的高级应用三个方面进行了详细介绍。

在撰写本书的过程中，作者参考了大量的学术文献，得到了许多专家学者的帮助，在此表示真诚的感谢。本书内容系统全面，论述条理清晰、深入浅出，但由于作者水平有限，书中难免有疏漏之处，希望广大同行及时指正。

目录

第一章　信息化教育

本章主要详细介绍了五个方面，分别为信息时代的教学变革、信息化教育的基本理念与原则、信息化教育的宏观趋势和关键技术及应用、信息化教育与传统教育的差异和信息化教育带来的挑战及应对方法。

第一节　信息时代的教学变革

自20世纪中叶以来，以电子计算机和通信技术为代表的现代信息技术的出现带来了“信息技术革命”，使当今世界发生了人类有史以来最为迅速、广泛、深刻的变化，人类社会迅速进入了信息社会。信息技术的飞速发展对社会的各个领域、人类生活的各个方面都产生了巨大影响。信息技术在教育中的应用引起了教育教学的深刻变革。信息化教育就是随着“信息高速公路”的发展被提出来的，它是以现代信息技术在教育教学中的广泛应用为特征的新的教育形态，是教育适应信息社会发展的必然结果。

一、高校开展信息化教学变革的政策依据

我国20世纪末开始组织实施的《面向21世纪教育振兴行动计划》中提出了实施现代远程教育工程。进入21世纪以来，对信息技术的认识进一步深化，《国家中长期教育改革和发展规划纲要（2010—2020年）》强调，信息技术对教育发展具有革命性影响，应予以高度重视，并为此专门制定了《教育信息化十年发展规划（2011—2020年）》，明确了教育信息化的行动纲领和路线图，提出了坚持促进信息技术与教育教学深度融合的核心理念和应用驱动与机制创新的方略。2022年，教育部发布智慧教育平台系列两项教育行业标准，扎实推进国家教育数字化战略行动，完善教育信息化标准体系。在过去的几年中，中国教育信息化在深度融合这一核心思想的推动下飞速发展，“三通两平台”（宽带网络校校通、优质资

源班班通、网络学习空间人人通及教育资源和教育管理两大平台）快速实施，已经形成了一条以信息技术为基础，具有中国特色，引领教育现代化进程的教育信息化道路。

2019 年 2 月 23 日，中共中央、国务院印发《中国教育现代化 2035》，明确提出加快信息化时代教育变革；建设智能化校园，统筹建设一体化智能化教学管理与服务平台；利用现代技术加快推动人才培养模式改革，实现规模化教育与个性化培养的有机结合；创新教育服务业态，建立数字教育资源共建共享机制，完善利益分配机制、知识产权保护制度和新型教育服务监管制度；推进教育治理方式变革，加快形成现代化的教育管理与监测体系，推进管理精准化和决策科学化。

依照国家对教育信息化的建设要求，我国的高校积极响应，对信息化教育给予了高度的重视。超过半数的高校已经发布了专门的教育信息化计划。尽管各高校的信息化基础设施总体上已经达到了较高的水平，信息技术教学应用系统也相当普遍，但是高校教育的信息化产品应用仍然停留在基础层面。

二、高校信息化教育的优势与不足

（一）高校信息化教育的优势

教育信息化建设逐渐受到社会各界的关注。我国高校整体的办学宗旨需要与教育信息化相结合，为人才培养服务。我国高校信息化教育的优势如下。

1. 多样性教学模式

微课、慕课、翻转课堂等新兴教学方式正在使传统的高校授课模式发生深度改革，从而改变了大学生获取知识的方式。在这种传统的高校教学模式中，每堂课的时长为 40～50 分钟，每次连续 2～3 节课，根据人的认知规律，这种方式并不能有效提升学生的学习效果。微课和慕课的每个视频时长一般在 5～15 分钟，它们都是围绕一个或者少数几个知识点进行深入解析的，这种教学方式更加符合学生的认知习惯。

2. 开放性资源

微课和慕课的出现使得学生有机会获取大量的教育资源，满足了他们的求知欲望。这样一来，学生就能根据自己的发展需求随时随地学习所需的知识，灵活安排学习时间。对于互联网时代的大学生来说，利用微课和慕课进行学习是一种重要的学习方式，并且能满足他们终身学习和个性化学习的需求。

3. 多样性教学互动

传统的教学方式已经无法完全适应现代教学环境。尽管传统的课堂教学能够促进教师与学生的交流和互动，但是信息化教学在交流互动的基础上，还能在学生之间构建一个交流的平台，并在教师之间建立交流的桥梁。因此，通过实施多元化的教学互动，信息化教育能够极大地激发教师和学生的积极性。

（二）高校信息化教育的不足

我国的教育信息化通过长期的建设，已经实现了硬件和软件的配置以及基础网络的构建，但总体上还在推进学校基础设施建设的阶段。这个阶段更加注重对网络设施等硬件的投入和基础管理软件系统的应用。然而，教学内容、教学资源管理等软件的应用相对较弱，需要通过信息化来推动教育的改革和创新。目前，教育信息化领域的优质教育资源总量不足、基础设施不完善、整体管理相对薄弱等问题依然存在。

目前，许多教育信息化产品是由软件专家设计的，他们并没有充分了解教学流程，因此无法完全满足学校、老师以及学生的需要。这导致了在实际课堂中，教育信息化产品的运行效果并不理想。近年来，第五代移动通信技术（5G）的完善、人工智能技术的崛起、虚拟增强现实技术的进步以及区块链技术的兴起，都为我国高校教育信息化提供了技术支持。未来，人们将利用知识图谱、数据可视化、增强现实等尖端技术，结合知识技能评估、知识产权（IP）保护等策略，逐渐构建一个包含人类文明知识、连接每一个个体智力活动的虚拟高校知识库，以服务所有的智力劳动者，更精确地掌握专业知识，更便捷地进行人际学习交流。

三、高校教育课程改革

20 世纪 80 年代，我国调整整体发展战略方针，使我国的经济和社会发展驶入了高速发展的轨道，各种中小企业如雨后春笋般兴起，各国的先进技术和设备也被大量引进工厂和企业，这就对劳动力的素质提出了更新更高的要求。培养大批会使用先进设备、掌握新兴技术、具有必要的理论知识和较强实践能力的人才成为当务之急，高等教育在这种背景下应运而生。

然而当时我国的高等教育主要以培养学术研究型人才为主，注重对学生理论知识的培养，高等教育这个新生事物在国内缺乏现成的经验可以借鉴。当时高等教育在一些科技、经济发达的国家，如德国、英国、美国、日本等，经过长期的发展，已经形成了各有特色的教育模式，有成功的经验和比较完善的理论体系，如德国的“双元制”、北美的“能力本位”等。但一方面限于当时是我国改革开放初期，在各个领域，包括高等教育研究领域，对外交流还不是很活跃、很充分，对这些国家的高等教育还缺乏广泛深入的了解和研究；另一方面因为各个国家的历史传统、经济水平和社会发展水平都各不相同，我国高等教育生存和发展的土壤与上述各国存在着巨大的差异，所以也不可能直接照搬或移植那些发达国家高等教育的模式。所以，最初我国高等教育就近学习了普通本科学术教育的模式，在课程设置、课程内容、教学模式、教材、教学方法和手段等方面基本参照本科院校的一整套体系，但限于学制是三年，只是在课程的教学时间和教学内容上进行了压缩和删减，造成我国的高等教育带有浓厚的“本科压缩型”特点。

这种高等教育课程设置本科压缩化的状况持续了十几年，直至20世纪末，社会发展对高等教育的发展提出了新的挑战：一是我国高等教育实现了跨越式的发展，由“精英教育”阶段发展到“大众化教育”阶段；二是我国经济持续高速发展，科技进步和产业结构不断调整，高素质应用型人才需求激增而培养不足，供需严重失衡。高等教育如果继续作为普通本科教育的补充必将日渐式微，而社会经济发展导致的人才结构性供需矛盾将更加激化。高等教育处于腹背夹击的境地，高等教育课程改革势在必行。

（一）高校教育课程改革是社会经济发展的要求

长久以来，我国的普通高等教育模式过于单一，未能摆脱“本科压缩型”的困扰，导致其名不副实，从而使得高素质应用型人才的短缺成为改革开放以来经济建设中的主要问题。为了满足社会经济发展的需求，解决人才结构失衡的问题，党和政府提出了调整高等教育结构、大力发展高等教育的策略，培养了一大批具备必要理论知识和强大实践技能的生产、建设、管理、服务第一线和农村急需的专业人才。

推动高等教育的重要性是多方面的，最明显的一点就是可以大规模地培养我国急需的高级技术人才。自从我国加入世界贸易组织（WTO）以来，在全球经济一体化的竞争环境中获得了成为世界制造业核心的大好机遇。然而，这个制造业核心绝对不能只是一个简易的、低质量的重复生产基地，它应该是一个高质量的生产基地，甚至可以演变成一个研究开发基地。

当前要实现高等教育健康发展，使高等教育实至名归，真正发挥它在社会经济建设和发展中的作用，课程改革是关键。

（二）高校教育课程改革是实现高等教育培养目标的要求

针对生产、建设、服务的现状，我们的高等教育旨在塑造具备大学水平的专业素质，同时也具备出色实战技巧的应用型中高级科研与管理者。然而，在当前的市场需求下，同时拥有技艺与智慧的人才，也就是所谓的技艺－智慧型的人才显得极度稀缺。由于科技的持续进步与普及，产品与服务的技术水平日益提高，对于产品处理与技术支持的需求也在逐渐增大。迫切需要一批具备一些基础理论知识，同时也具备实践操作经历的专业人士，也称为智能型人才。他们毕业后可以立刻“上岗”或“顶岗”。

要实现高等教育的培养目标，必须有一套与之相适应的课程体系和教学模式。实践操作能力必须在实践中培养，这就要求高等教育除传统的公共基础课、专业基础课、专业课外还必须增加一个环节，就是集中性实践环节。如此才能将理论与实践结合，才能培养出集理论知识与操作技能于一身的高科技人才。

四、高校课堂教学改革

传统课堂教学模式在教育信息化的浪潮中受到了很大的挑战。积极应对教育信息化的挑战，我们需要把学生放在首位，构建以学习为核心的教学方法；分享高品质的教育资源，增加课堂的规模；运用信息技术，营造一种跨越时间和地点的教学氛围；确保理论教学和实践教学的顺畅连接。推动传统课堂教学模式向网络化教学模式转型，要提升教师的信息技术水平，扩充网络教学平台的内容与功能，形成多向互动的课堂交流模式，增加过程评价比重，提升课堂教学实效。

高等教育在现代信息技术的推动下面临着巨大的机遇和挑战。随着信息技术在教学过程中的深度应用，教学模式将会发生根本性的变化，并且新的教育观念、教学理论和方法、教学模式以及教学评价体系也将得到演绎和丰富。为了适应信息化的趋势，我国已经将教育信息化提升到了战略层面。如何有效且合理地利用新兴的信息技术推动高校教学的改革，是当前时代所面临的新挑战。

（一）以学生为中心，建立“以学为主”的课堂教学模式

在传统的课堂中，教师是主导者，这样可以帮助他们掌控整个教学过程，系统地传递科学知识，并且能够加强师生之间的人文关系。然而，在信息化环境中，这种忽略了学生的主观感受和实际学习成果的教学方法的缺点正在逐渐暴露出来。从教育工作者的角度来看，他们的教育理念更新较慢，教学内容与社会的真

实需求存在差距，教育技巧和方式也相对落后。而从学生的角度来看，他们的学习动力不足，自我思考和实际运用的能力较弱。在学生能够轻松地在网络上获取最新的理念、看法和技巧的同时，停滞不前的教育内容无法激发他们的热情，这对教师知识传授的权威性构成了严峻的考验。

“以学为主”的教育方法中，学生扮演了课程理解的核心角色，课堂的主要任务就是寻找、剖析并处理学生课程理解中出现的问题，学生进行自我学习、团队学习及研究学习。这种方法的基础与目标都是学生的长期学习与持久成长，对于塑造具备创新精神的人才大有裨益。以学生为中心的教育理念强调网络的即时性、互动性，借助及时且全面的沟通渠道，突破了“教”与“学”的空间和时间的限制，使得教育的范围超越了传统的教室，使得课程的覆盖面有了显著的扩展。

（二）共享优质教育资源，扩大课堂容量

随着互联网的普及，我们获取信息的途径发生了深刻的改变。“内事不明问百度，外事不明问谷歌”并非无稽之谈。对于高校教师而言，他们的知识体系和教育模式正在遭遇严峻的考验，一本书、一套课本、几十年如一日的传统教育模式已经无法满足学生的需求。构筑一个卓越的教育资源分享平台，这既是全球高校教育的进步方向，同样也是在信息化时期推动高校教育的必要步骤。课程的讲授是一个整体性的项目，而不只是对课程资料的简单组合。网络信息资源并不等同于网络教学资源。尽管在获取信息的过程中，教师和学生的地位几乎是一样的，然而，网络信息资源数量庞大，真伪难以辨别，整理和分析信息需要投入大量的时间和精力，因此教师的主导地位变得更加突出，他们能够筛选出大量的虚假、无用甚至有害的信息，从而节省学生的大量时间。

（三）充分利用信息化教育手段，打造跨时空的教学环境

传统的教室是主要的教学环境，但是，借助信息化工具，我们可以扩大课堂的范围，创造出跨越时间和空间的教学氛围。以法学教育为例，其课外的优质教学资源非常丰富。随着依法治国的理念被广泛接受，国家和社会对法治建设的关注度也在不断提高，网络上的法律信息也变得非常丰富。例如，《最高人民法院裁判文书网络公布暂行办法》2014 年 1 月 1 日开始实施，最高人民法院、全国各级高级人民法院和中级人民法院的生效裁判文书都将在中国裁判文书网上进行公开。在网络上，有许多法律论坛、法律博客和门户网站等。在百度搜索引擎上以“刑事判决”为关键字进行搜索，会得出相关结果约 20 400 000 个，以“民事诉讼法修改”为关键字进行搜索，会得出相关结果约 2 570 000 个。

利用网络教学平台，教师可以在课前抛出讲授问题，学生自主收集资料，形成讨论小组，提交初步讨论结果。课后，围绕课堂中形成的观点、意见，整理成最终作业，上传讨论组，供所有同学分享、参考。教学的延伸增加了课堂内容的新鲜感、及时性，提高了学生的学习积极性，提升了学习效率。

（四）实现课堂理论教学与实践教学的无缝衔接

在传统的教育模式下，实际操作和理论知识的联系被剥离，这使得它们之间的关联性变得模糊。在训练场所进行的实际操作还没有完全系统化，标准的课程结构也还没有构建。然而，借助互联网的教学工具，我们能够将理论知识和实际操作知识连贯起来，并通过信息技术创造出时间和空间的连接感。依然以法学教育为例，老师会向学生传递最新的法律议题，引起他们的强烈兴趣。学生不仅能够从理论角度进行解读，还能通过对新出现法律议题的研究来检验和修正他们的理论立场，进而优化他们的知识结构。这样可以提升学生的实务处理、法律应用以及创新实践能力。通过运用现代化的方法，我们可以在课堂上构建如认知实践、模拟实验、观摩认识和实务训练等多种实践平台，从而形成一个实用、灵活且开放的教学模式，培养出具有优秀应用能力的法律人才。

第二节　信息化教育的基本理念与原则

一、信息化教育的定义

信息化教育是一种新型的教育模式，其主要依托现代教育思想和理论，利用现代信息技术来开发教育资源，优化教学流程，以提升学生的信息素养为主要目标。

这个定义中涉及几个术语，简单解释如下。

（一）现代教育思想和理论

1. 现代教育思想

现代教育思想是一种对信息化教育产生深远影响的现代教育理念，主要包括以下六种现代教育观。

第一，素质教育观。其核心理念如下：教育的主要职责是推动学生的“三个发展”，也就是全面发展、整体发展和个性发展。我们应该以“三个发展”为核心来规划、执行、管理和评估教育和教学任务，并将是否有利于“三个发展”作为评价各项工作优劣的准则。

第二，终身教育观。这个观念主张教育是一个人从出生到死亡的连续过程，我们应该将接受教育的机会和时间分散在整个生命周期中，并且让教育与劳动、学习和工作相互交织。只有通过全方位的终身教育，才能塑造出优秀的人。

第三，双主体教育观。这个理念的核心思想如下：在教育过程中，教师和学生都应该被视为主导者，只有两者的积极性和创新性得到充分的发挥，才能获得优秀的教育成果。

第四，创新教育观。这个理念的核心思想是教育的主要目标就是培养和提升人的创新能力。创新品质主要表现在创新观念、创新精神和创新技巧三个层面。这些都是在知识经济时代人才所必需的基础品质。

第五，以情商为核心的教育观。其主要观点是情商是教育成功的重要因素。在教育教学过程中，只有将重视智商转变为同时关注智商和情商，并积极提高年轻一代的情商，才能在教育教学上取得全面成功，培养出符合时代需求的新一代人才。

第六，四大支柱教育观。其核心思想如下：为了适应未来世界的进步，教育必须以四种基本学习为重点进行重新规划和组织。这四种基本学习分别是学习认知、学习处理事务、学习人际交往、学习生存技能。

2. 现代教育理论

影响信息化教育的现代教育理论主要包括四种学习理论（新行为主义学习理论、建构主义学习理论、人本主义学习理论、折中主义学习理论）和四种教学理论（发展教学理论、认知结构教学理论、教学最优化理论、多元智能理论），这些理论构成了信息化教育的关键理论基础。

3. 现代教育思想和理论的基本精神

现代教育思想和理论是相对于传统教育思想和理论而言的。传统教育思想和理论通常是指德国教育家赫尔巴特（Herbart）等人所提出的教育理论以及其所体现的教育思想。这种教育思想和理论对我国的教育产生了深远影响，尤其是它的缺点，现在已经成为深化教育改革的重大阻碍。通常，现代教育思想和理论是指第二次世界大战后的教育思想和理论，其主要代表人物包括美国教育家、心理学家布鲁纳（Bruner）等。这些理论的核心思想如下。

第一，弥补传统教育的六个缺陷：遗忘学生；忽略能力的提升；忽略现代教育媒介的运用；忽略在教学过程中的非智力因素；课堂教学和职业生涯的关联性不足；灌输式的教学方式和死记硬背。

第二，在教育过程中进行关键点的调整和优化融合：首先，将教育的焦点由教授转向学生，努力达成教育与学生的完美融合；其次，将知识的焦点由理论转向技能，并使得知识和技能相互融合；再次，将传统的教育方式逐步过渡至现代的教育方式；最后，将主要的关注点从接收学生转向寻找并发掘更多的学生。

（二）现代信息技术

技术，即将理念运用到现实中的工具与策略的体系，可以被划分为两种类型：一种是以物质形式出现的，另一种则是以智慧形式出现的。其中一种被称作硬技术，另一种则被称作软技术。

信息技术则是一个关于如何收集、保存、处理、传递信息的工具与策略的体系。这个概念的含义有两个方面。

第一，手段。也就是各类信息媒体，如广播、电视、计算机、多媒体、网络等，都是一种物质化的技术。

第二，方法。也就是利用信息媒体对各类信息进行获取、储存、处理和传输的方式，这是一种智能化的技术。

信息技术的构建包括两个核心元素：信息媒体和信息媒体应用。现代教育信息技术主要包括三种。

第一，现代媒介技术：这种技术被广泛运用于教育与教学，也被称为现代的教育媒介，它以实体的形式存在。

第二，现代传媒技术：这种技术是利用现代教育媒介来执行教学任务的手段，也被称为传播教学法，属于一种高度智能化的技术。

第三，教学系统设计技术：这种技术是一种对教学流程进行优化的系统性策略，也被称为教学规划，属于一种普遍使用的智能化的技术。

（三）开发教育资源

教育资源包括教育信息、教育媒体、教育工作者以及教育环境等。在信息化教育过程中，我们需要积极开发和充分利用这些教育资源，其中最重要的是现代信息技术环境资源和现代教学信息资源。

（四）优化教育流程

优化教育流程就是确保教育过程的各个组成部分——两个主体、要完成的任务、实施的方式以及实施的结果，即教育者和学生及教育任务、内容、方法、效果等，以及它们之间的关系都处于优良的状态，实现整体的优化。

（五）信息素养

对学生的信息技能进行培养和增强，尤其是在信息技术方面，是信息教育的核心目标。这种技能涵盖了信息认知、信息知识、信息技巧、信息伦理等方面，而在信息技术方面主要有四种技能：利用信息设备收集、处理、产出、创新，利用信息优势、进行信息合作以及应用信息防护技巧。在当今社会，人类的生存离不开信息技能，这种技能对我们的日常生活、工作和学习产生了深远的影响，并且对个体融入社会起到了决定性的作用。

（六）教育模式

现代教育领域中的一种创新型教学模式就是信息化教学。它并不仅仅是一种创新的教学手段、一种创新的教学策略、一种创新的教学资源分发模式，或者一种创新的教学结构模型，而是所有元素融合构成的一种全新的教学模式。这种独特的教学模式，即人与计算机的合作，强调了个体的参与，同时也注重计算机的辅助。在当代教育观念与理念的引领之下，运用了三种先进的科技（包括现代媒体科技、现代传媒科技、现代教学设计科技）来完成两项任务（开发教学资源、优化教学流程），达到一个共同的目标（提升学生的信息素质），这便是信息化教育。

二、信息化教育的特征

（一）信息化教育的一般特征

信息化教育的一般特征大致可以归纳概括为“五化”“三性”。

1．五化

①教育信息显示多媒体化。

②教育信息处理数字化。

③教育信息存储光盘化。

④教育信息传输网络化。

⑤教育信息管理智能化。

2. 三性

①开放性。信息化教育能跨越时空的限制，使教育对所有有学习需求和愿意学习的人开放，并实现资源的共享。

②非线性。信息化教育的学习内容和方法打破了传统的线性框架，在电子教材和网络教材中，知识的连接不再是线性的，而是网状的、发散的、板块化的，可以有多种组合和检索方式，形成一个因材施教的系统，兼顾每一位学生的需求。

③互动性。信息化教育能够促进人与机器的双向交流以及人与人之间的远程互动学习，推动教师与学生、学生与学生、学生与其他人的多维度交流。

（二）信息化教育的本质特征

信息化教育的本质特征是指它与其他教育行为的明显差异。信息化教育是一种融入现代科技媒介的教育方式。教育如果缺少现代科技媒介的融入，那么就无法被定义为信息化教育。所谓的现代科技媒介，即在教育和教学过程中运用的电子技术媒介，包含幻灯片、投影仪、录音设备、显示器、录像设备、计算机、网络以及由这些构成的多媒体系统。

教育体系是一个复杂的系统，其中包含了许多元素。那么，哪些元素构成了信息化教育呢？

教育系统要素＝教育者＋教育信息＋学生。这样的教育不是信息化教育。

教育系统要素＝教育者＋教育信息＋传统教育媒体＋学生。这样的教育也不是信息化教育。

教育系统要素＝教育者＋教育信息＋教育媒体（包括传统教育媒体与现代教育媒体）＋学生。这样的教育才是信息化教育。

因此，现代教育媒体的加入构成了信息化教育的核心特性，也是信息化教育与非信息化教育的最显著区别。

三、信息化教育的内涵

随着网络科技的快速普及和大规模使用，全社会的信息化进程得到了推动。社会信息化在各个领域都有所体现，同时也推动了信息化教育的进步。政府也采取多种方法推动信息化教育的发展，这充分显示了信息化教育的关键作用。现代信息技术在教育领域（包括教育管理、教学和科研）全方位应用，推动教育的改革和发展，这就是所谓的信息化教育。教育的信息化展示了信息科技的独特性，它需要在教学过程中充分融入信息技术，强调信息的网络传递，教学流程应该体现出智能化，教学过程应该采用多媒体，并且应该展示出开放、互动、合作和共享的特性。教育的现代化和教育改革都是通过提升信息化教育的质量来达成的。为了实现这一目标，国家已经多次出台了相关的规划、政策和法律，以便更好地规划和推动信息化教育的发展。此外，教育部每年也会发布信息化教育的重要指南，以引领我国的信息化教育工作。

四、信息化教育的教学理念

信息化教育是随着现代教学理论的发展而出现的，强调“以人为本、以学生为本”的教学理念。主要表现在以下几个方面。

（一）强调学生的主体地位

在传统的教育模式下，教师的“授课”被视为核心，他们是教育过程的主导者。然而，根据建构主义的观点，学生不仅是教育活动的主要参与者，也是知识的构建者。因此，信息化教育的主要目标应该是学生，他们是整个教育过程的核心，所有的教育行为都应该围绕着学生的学习过程进行。在信息化教育环境里，学生是一个具体、真实、多元化且持续进步的理解者，他们是充满主观能动性的个体。信息化教育就是在老师的引领下，学生有意识地加深对现实世界的理解，以及提升社会适应力的积极过程。在信息化教育活动中，学生的主观能动性、积极性以及创新精神得到了很好的展示。

（二）由强调知识积累和技能训练向学生主动建构知识转变

建构主义的学习观念主张知识并非来自教师的教导，而是学生在特定的环境，也就是社会文化背景下，通过他人（包括教师和学习伙伴）的协助，利用必要的学习资源，以意义建构的方式获取的。因此学生由过去被动地接受知识向主动建构知识的方向转变。

（三）由接受式的学习向自主、探究、合作式的学习转变

新的教育改革明确提出，要改变过分强调学生被动接受知识、死记硬背和机械训练的教学模式，鼓励学生积极参与、热情探索、勤奋实践，以此来培养他们收集和处理信息、获取新知识、分析和解决问题以及交流和合作的技能。因此，教师应当首先改变以往的教学方式，运用信息化教学方式培养学生的自主学习、

探究学习、合作学习能力。其次要从各个方面培养学生主动探究、合作学习的意识，让学生意识到只有积极主动学习才能够适应信息化社会的需求。

（四）强调活动的重要性

传统的教育方式主要侧重于知识的传授和接受。信息化教育理念强调在教学过程中充分理解活动的重要性和多元性。教师需要为学生策划各种类型的活动，组织学生在活动中进行各种形式的学习，充分利用学生的主动性和自觉性，培养他们的创新意识、创新精神和创新能力，推动学生知识、技能和个性的全面成长。

（五）强调学生的主观能动性

在教学过程中要激发学生的学习兴趣、探究激情，尊重学生的个性和特长，注重学生在学习中的积极参与，最大限度地挖掘学生的潜能。

教师应当利用多媒体技术有效地激发学生的学习兴趣，利用多样化的教学方式促进学生积极主动地对知识进行探究。

（六）强调师生的互动交流

教师与学生的多元化互动交流能够缩小两者之间的心理距离，提升学生的学习热情，并有助于学生在学习过程中分享生活经验，完善知识体系。对于教师而言，这种互动交流能够让他们摆脱权威的束缚，与学生平等对话，有利于教师和学生共同学习、共同进步。

五、信息化教育的原则

（一）整合性原则

信息化教育是将信息技术、信息资源、人力资源、课程内容等一系列要素整合在一个系统中，有机地将各种要素结合起来共同完成教学任务的一种教学方式。因此，整合性原则是信息化教育的首要原则。在实施信息化教育的过程中，我们需要有效地将信息技术融入各种教学方式中，将教学系统的各个组成部分和各种教学资源有效地整合在一起。同时，我们需要将各种理论、方法和教学媒体有效地结合起来，以协调各个要素之间的关系，充分利用系统的整体优势，从而提升教学效果。

（二）直观性原则

学生认识活动的特点是以学习间接经验为主，但是获得间接经验要以直接经验为基础。学生特别是高校学生以形象思维为主，要使信息化教学符合学生的心理特征，有效地提高学生的学习兴趣和积极性，在教学过程中就应当遵循直观性原则。

直观性原则是指在信息化教学环境中为学生创设一定的情境，提供丰富的多媒体资源，同时通过教师给予指导、形象描述知识等教学活动来促使学生积极观察、主动探究，使学生对所学事物、过程形成清晰的印象，从而丰富感性知识，主动构建知识的意义，最终正确地理解所学知识并发展认知能力。

教学环境的信息化融合了各种媒体资源、各种教学设备和各种支持系统，能够为实施直观性原则提供多元化的教学资源、丰富的教学功能和各种教学支持。

（三）参与性原则

教学信息化的目标是改变学生过去被动接受知识的学习模式，使其转向主动探索和协作的多元化学习模式，这种转变使得教学信息化更具有参与性。

参与性原则是指在教师的引导下，学生积极投入教学活动中，通过这种方式激发学生的主观能动性，发挥他们的主导能力，挖掘他们的学习潜力，提升他们的学习技能，增强他们的学习责任感和团队协作精神，从而有效提升教学效果，达到教学目标。

在信息化教学的过程中，学生变成了教学活动的积极参与者和主动探索者，他们成了自我建设和发展的主导者，并在每一次的参与中实现了自身主动性、能动性和创新性的提升。因此，在信息化教学中我们应当借助多媒体手段、丰富的教学资源来调动学生的积极性，使学生以不同的方式参与到教学过程中。

（四）启发创造原则

在信息化教育环境中，启发创造原则是指教师运用先进的教育观念，通过多元化的方法来辅助学生的学习过程。这种方式能够最大限度地激发学生的学习热情和自觉性，并打开他们的创新思维。这样，学生在全面掌握知识的同时，也能充分发展自己的创新能力和个性。

启发创造原则是现代教育观念引领下教育规律的体现。信息化教育不只需要教师向学生传授知识、技能和技巧，更需要教师引导学生主动构建知识的意义，同时推动学生情感、态度和价值观的成长。教学与发展是相互依赖、相互促进的。

教师在教学中要将学生视为学习的主体，设计多样化的教学活动，利用多媒体手段启发学生积极思考，促使他们提出问题、分析问题和解决问题。

启发创造原则是信息化教育对信息化社会需求的具体反映。信息化社会的发展趋势要求学校教育必须培养学生的信息素质、创新精神和创造力。只有这样，学生才能适应未来快速变化的社会需求，才能用新的思维方式获取新的有价值的信息，才能在未来的工作中敢于想象、敢于实践，为社会创造财富。现在，利用信息化教育来激发学生的创新思维、培养创新型人才已经成为全球各国教育改革的焦点。

（五）教师主导作用与学生主体作用相结合原则

建构主义的教育观念鼓励学生积极构建知识，而教师则须扮演推动学生意义建构的角色，这一观点突出了学生的主体作用和教师的主导作用。在教育过程中，学生的主体性体现在他们的独立性、积极性以及创新性。原则上，教师的主导作用和学生的主体作用应该融为一体，这意味着在进行信息化教育时，教师需要充分利用他们的主导地位，同时也需要激发学生的积极性和主动性，妥善处理教与学的关系，以便将自身和学生的积极性都激发出来。

在信息化教学环境下，这一原则应当得到充分的体现，即强调学生是学习的核心，并且要重视学生在教学过程中的主动性。这是因为学生的学习是一种自发的、积极的行为。换句话说，学生要想把教师所提供的所有知识转化为自己的知识，就必须通过积极、主动的思考去接收、理解、吸收和应用所学知识。教师的引领角色和学生的主体地位是相互配合、相互推动、相互依赖的。只有两者紧密融合、共同行动，才能有效地培养学生的个性，提升教学质量。

（六）教学最优化原则

教学最优化原则是指在现代教育理念的指导下，在信息化教学过程中，通过对教学系统中的各个要素进行系统化设计，使得各要素优化组合，能够进行最优化教学，取得最优化教学效果。

教学最优化原则主要基于教学成果由多个因素共同作用的原理。在信息化教育中，主要涉及的元素包括教师、学生、教学工具以及教学材料。教学最优化原则是指在特定环境下，既能实现最大的教学效益，同时也能让教师和学生花费的时间最少。在信息化的教育环境下，教育工作者需要策划出各种类型的教育和学习行为，通过对教育的各个元素进行优化配置，让每一项元素都能产生最大的效果，这样不仅能实现教育的目标，也能提升教育的效果。

第三节　信息化教育的宏观趋势和关键技术及应用

为了积极应对教育教学环境的新变化，美国高等教育信息化协会于 2023 年 5 月 8 日发布了《2023 地平线报告（教与学版）》（以下简称“报告”）。本年度的报告从学习环境变革的视角深度剖析当前信息化教育发展的宏观趋势、关键技术以及实践案例。

一、宏观趋势

报告详细探讨了社会、技术、经济、环境和政治等多种因素如何以持续变化的方式对信息化教育机构和其教学实践产生深远影响，并从全球角度分析了以上因素对信息化教育发展的重要影响以及信息化教育发展的宏观趋势。

（一）社会趋势

高校的进步与它的社区环境紧密联系，而学生学习感受的形成则是人际互动和联络的结果。虽然现在高校已经开始重新采用直接授课的模式，但是学生对更加灵活、便捷的学习模式的需求正在急剧上升。所以，未来高校应当规划并开发出更多的网络教育方案，如混合式课程。另外，为了迎合和满足教师与学生不断增长的需求，高校应当制定以多样性、公平性及宽容性为核心的战略，从而丰富学生的学习途径。

（二）技术趋势

随着科技的持续发展，信息化教育机构需要不断评估现有技术的效能并制订新的技术方案，以便做出更灵活的决策，提升学生的学习体验。虽然关于人工智能的学术诚信、准确性和公平性的讨论依旧存在，但是它在教育行业的实际运用价值已逐渐凸显，如协助教育单位降低费用、优化运行效果，同时也推动了个性化学习方式的形成并提高了学生的参与程度。考虑到学生的个性化特征，高校正在尝试将数字设备以及互联网与传统的以客户为导向的教育模式进行整合。

（三）经济趋势

经济因素对信息化教育的进步有着明显的作用，特别是在寻求稳定的市场和收益来源、管理成本的过程中。当学生选择接受信息化教育时，他们会关注自身的承受能力以及投资回报率。因此，为了应对学生人数的减少，信息化教育机构必须提供经济上可承受的选项，同时也要努力促进学生的职业发展。随着公共信息化教育的经费逐渐缩水，教育机构必须采取一些措施，如聘请兼职教师、削减学术课程或者学生服务、增加学费等。在未来，信息化教育机构需要对其财务状况进行重新审视，并寻求可以替代的经济来源。此外，社会对于终身学习的需求逐渐增长，因此，信息化教育机构需要思考如何实施非学位培训、基于技能的培训，以及灵活的信息化培训计划，以满足社会对教育的多样化需求。

（四）环境趋势

鉴于气候变化对学校设施和居民生活空间的威胁日益严重，教育部门需要不断进行评估并改进策略来适应气候变化的影响。与此同时，教育部门也在投入更多的资金来提升环保领导能力、组建工作团队以及实施减排计划，并开设环保和可持续发展的课程。教育部门应该更加重视学校之外的信息化活动，并且尽可能地采用环保科技，以达到生态、环境和教育效益的均衡。

（五）政治趋势

国际政治环境对信息化教育的构建产生了深远影响。一方面，虚假信息的增加导致不准确或误导性报道增多，这对公众的言论造成了负面影响。因此，信息化教育机构需要将信息素养作为本科教育的核心，提供应对错误信息的策略和资源。另一方面，全球各地紧张的政治局势对信息化教育的学术自由、公共资金的投入和管理产生了不利影响。

二、关键技术及应用

伴随着人工智能等前沿科技的引入，高校教育不仅应用了已有的科技成果，还在研发新科技以找到更具适应性的灵活的教育方式。报告明确了“支持预测和个体学习的人工智能”“生成型人工智能”“模糊学习边界”“灵活学习”“微型学习”“增强学生的归属感和联系感”六项信息化环境下高校教育的核心科技和实践。

（一）支持预测和个体学习的人工智能

支持预测和个体学习功能的人工智能已经从“阿拉丁神灯”一般的提供解决方案的设备演变成一种具有创新性且提升个性化学习体验的教育辅助设备，它可以协助学生在处理复杂问题时使用高级思考技巧，同时也支持个性化的学习。虽然目标用户、交付方法以及应用的好坏仍存在差异，但从整体上看，它显示出了技术赋能学习的典型属性。同时，它还具备一定的可定制性、可扩展性以及评估功能。

人工智能的预测和个体学习功能将在教育领域、学习管理系统以及学生服务方面带来革新。对于教师而言，他们需要投入更多的时间去培养学生的高级思维技巧，同时，高校在教师培训的方法上也需要适应变化。在学习管理系统方面，人工智能所提供的支持将成为未来学习管理系统发展的新趋势，并且将推动教育技术供应商之间的市场竞争。对于学生服务，引入新型智能技术可以进一步增强学习支持的精确性和易用性，同时也能提升学生的学习效率。

（二）生成型人工智能

运用神经网络等深度学习方法，生成型人工智能有可能制造出模拟人类创作的文字、声音和图像，这被许多高校教育专家认为是最具创新性的技术之一。作为智能科技从数值化发展到质量化发展的重要突破，预期生成型人工智能将给教育和学习的各个方面带来深远的影响。

在新兴科技领域，生成型人工智能已经在学术界引起了剧烈的辩论。其中，最突出的反对观点主要聚焦于学术诚实的问题，例如，学生可能借助这类生成型人工智能在课堂作业中进行欺骗，并且它可能会阻碍学生的创新性表达和自我思考。所以，在面对生成型人工智能时，教师应该帮助学生认识到它的局限性和道德问题，防止他们过度依赖这项技术。同样，我们还需要重塑评价机制，以便给予学生更优质的学习感受。

（三）模糊学习边界

随着教育科技的进步，对学习模式的理解越来越深入，学生在极其复杂的环境下接受知识，而且各类型学习模式的边界也变得越来越模糊。为了提升学生的课堂参与度，以及满足各类型学生的需要，教师需要制定出一系列符合所有教学目标的多元化的教学策略。

为了尽可能地增加教师的教育成果，必须重视以下两个主要环节。一是明确所有学习形态的共同表达。当教师对所有的学习形态有所认识之后，就可以更高效地规划和搜索相应的辅助手段来实施教学计划。二是为了更高效地展开讨论、策划并筛选出最佳的学习内容，教师与学生之间也需要分享交流工具。现阶段的教育体系对科技的需求日益增长，拓宽科技的使用范围十分重要。除了使用现有的科技，还需要使用新兴科技，如虚拟现实、智能机器人等。

多元化的教学手段能够有力地推动教育的公平和包容，然而，过分依赖硬件和软件系统也可能给学生带来新的挑战。尤其是对于那些缺乏必要设备的学生，模糊的学习边界可能会使他们与资源充足的学生之间的差异更为明显。

（四）灵活学习

灵活学习是一种结合了面对面教学和网络教学的具有弹性的教育方法，其特点是让学生能够在相同的课程内部自由选择网络或面对面的学习方式，而且能够在全部的课程里随意切换各种学习方法。另外，网络学习方式还被进一步划分为同步在线和异步在线两种类型。

灵活学习方法的核心特质就是其灵活性，灵活学习方法赋予了教育机构和教师在教学过程中的自由度，这种自由度有助于满足学生的多样化学习需求。灵活学习方法的核心思想是优先关注学习，其主旨是激发学生的学习热情，并且消除所有可能阻碍学习的因素，所有相关的课程设计都致力于增强学生的学习感受。

灵活学习方法是能有效提升信息化教育水平的手段，拓宽了教育的覆盖面，涵盖了那些致力于获取新知识和技巧以促进个人成长的学生。尽管我们对灵活学习方法表示赞赏，但我们也不能忽视其教学设计的品质和效果。灵活学习方法无法保证每一位学生都能得到公平且宽容的对待。

（五）微型学习

微型学习的优势在于能够突破时间与地域的束缚，让学生以更符合自身生活的方式实现学习目标，从而为创造个性化、灵活的学习环境提供了可能。教师不必精通编程技巧，只需简单地点击一下就能创建出数字内容，并且可以借助网络学习平台来完成教学内容的制定。微型学习在教学中的影响力主要体现在三个层面：首先，它是一种有效的教学方法，学生可以通过各种在线学习平台获得微型学习的机会，同时，教育工作人员也能利用微型学习满足学生的需求，并通过微认证来评估他们的学习效果；其次，微型证书的诞生改变了传统高校教育体系的学位授予方式，对于长期学习的人来说，让他们有机会通过其他途径获得知识，以此来替代传统的学位教育，进一步在长期的学习过程中不断提升专业技术；最后，微型学习给予了学生个性化的学习体验，让学生可以依照自己的兴趣和需求在众多的学位课程里做出选择，获得的微型证书将为他们提供专门的技能认证，从而更有效地满足社会市场的需求。

（六）增强学生的归属感和联系感

学生的归属感和与他人的联系不只是学生安全感的基础，也是影响其学习效果的关键因素。在增强学生归属感的过程中，教师需要接纳学生的个性特征、学习目标和学习挑战，同时在满足学生个性化情感需求的基础上，协助学生在教育环境中扮演好自己的角色。

在帮助学生建立情感联系和归属感的过程中，教师需要注意以下三个方面。首先，应用科学的手段。教师应该致力于应用科学的手段来帮助学生，同时，教师还应该深入研究与归属感相关的主题。其次，教师与学生的互动是至关重要的，为了增强学生的归属感和联系感，教师应该对教育机构的各个方面进行改进。教师应该重视学生的优点和学习能力，而不仅仅是关注课程的难度，同时，其他与学生互动的利益相关者也应该主动提供学习支持。最后，明确的目标是必需的。在规划教学流程时，教师应该指导学生在开始任务之前确定学习目标，并对评估方法有明确的理解，这将有助于学生在明确的学习路径上进行高效的学习。

第四节　信息化教育与传统教育的差异

一、教学手段的差异性

从广义来讲，教学方法就是为了达到预定的教育目标，由教师和学生共同执行的教育活动，其中包括对象所受到的信息、精神、物质形式以及力量的汇集。在此，教学方法主要体现在特定的教育媒介上。传统的教学媒体主要有黑板、教科书、标本、模型、图表等，因此，传统的教学手段是指教师针对教学内容，运用简单的媒体，单向传播教学信息的方式。信息化教学是指随着多媒体技术在教学中的应用，教师把原本在教科书中的各类文本、影片、信息和表格变成了电子版的教育素材，并采取多媒体展示的手段进行授课。此外，这些电子版的素材还可以迅速且便捷地通过互联网分发和共享，从而增强了教学的效果。

传统教学的形式单一，以课堂教学为主，教师传授知识、学生接收知识是主要的教学活动。信息化教学的形式多样，可以在各种类型的教学环境中开展多样化的教学，如自主学习、协作学习、探究学习等。传统教学主要借助单一化的媒体开展教学活动，教学媒体承载教学信息的能力比较低，传递教学信息的功能比较简单、机械。信息化教学手段具有丰富的教学功能，通过大屏幕投影清晰地传授知识，通过网络开展小组讨论、师生答疑、作业提交、网上学习和测试等，加强了师生之间的交流，培养了学生的自主学习能力。信息化教学能够增强学习效果，利用信息技术将声音、图像、文字等多元化的信息融合在一起，极大地满足了学生的视听需求，同时也激发了他们的学习热情。传统教学大多数采用灌输式的讲授方式，教学信息是从教师到学生的单向传递，没有考虑到每个学生的特点，不能做到“因材施教”，从而使教学比较枯燥乏味，不利于学生认知能力的发展。信息化教学采用的讲授方式是交互式指导，教师与学生之间互动交流，教学信息可以双向或多向传递，既可以从教师到学生，也可以从学生到教师，从而使师生形成平等的地位，有利于教学活动的有效实施。

同时，信息化教学具有直观性，它可使形、声、色浑然一体，把一些传统教学手段无法表现的复杂过程、一些不易观察和捕捉的现象、一些无法现场呈现的场景，都真实、鲜活地呈现在课堂上，构建生动、形象和富有强烈感染力的环境，激发学生的学习热情，帮助他们更有效地理解知识，从而提升教学水平。这种方法拥有传统教学方式所缺乏的趣味性和直观性，能够极大地激发教师和学生的积极性、主动性和创新性，突破教学的难点，使得教学目标更容易实现，让学生在愉快和轻松的氛围中获取知识。

尽管传统教学手段和信息化教学手段有一定的差别，但是它们都有各自的优点，在教学过程中，它们是相互补充、取长补短的关系。我们应当将传统教学手段与信息化教学手段结合起来，实现优势互补，才能最大限度地提高教学质量。

二、教学资源的差异性

教学资源是所有可以帮助教学达成特定目标并实现特定教学功能的各类资源的集合，它涵盖了教学系统中所有可以被物质化和不可以被物质化的资源，主要由教学资料、支持系统、教学环境等构成。

教学资料包含了丰富的教育信息，是具有一定教育价值的各种信息资源。传统教学资料包括书本、教科书、挂图、教学器具、课件、教学电视等。信息化教学资料指的是以数字形态存在的教学资料，包括学生和教师在学习与教学过程中所需要的各种数字化的素材、教学软件、补充资料等，具体形式有文本、图形/图像、音频、视频等素材类教学资源，虚拟实验室、教育游戏、电子期刊、教学模拟、教育专题网站等集成型教学资源以及网络课程。

支持系统主要是为了帮助教师进行有效的教学活动，以及为学生提供有效的学习环境，包括学习能量的提供、设备的支持、信息的提供以及人员的支持等。传统的支持系统主要是指教师对学生学习的指导与帮助，以及工具书为学生学习提供的帮助等。信息化教学资源的支持系统主要指现代媒体和学习工具对教与学过程的参与，以及海量的网络信息对学习内容的补充等。

教学环境并不仅仅是指教学活动发生的地点，更关键的是指学生与教学资源、支持系统在互动过程中所塑造的环境。传统的教学环境以教室为主，将课堂教学作为主要的教学形式。信息化教学环境以信息技术的应用为特征，包括校园网、多媒体教室、电子网络教室、电子阅览室、语音实验室、网络教学平台等，教师可以利用多样化的教学环境开展课堂教学，组织学生协作学习、探究学习，指导学生自主学习。

三、教学模式的差异性

教学模式是基于教育理念和教育法则构建的，遵循在教育流程中相对稳定的教育步骤和教育手段的策略框架，涵盖了教育流程中各个元素的结合方式、教育步骤以及对应的策略等。

在传统的教学模式中，教师是知识的主导者，学生则是被动的接收者。媒体只是辅助教师向学生传递知识的工具。作为知识接收者的学生在整个教学过程中处于被动的位置，这阻碍了学生的主动性和创新能力的培养和发展。这种模式的优势在于能够充分发挥教师的主导地位，有助于教师对课堂教学的组织、管理和控制；然而，它也存在一个显著的不足，那就是忽视了学生的积极性和创新性，无法充分展现学生认知主体的角色。显然，如果学生在整个教学过程中处于被动的位置，那么他们作为认知主体的教学效果肯定不会理想，更别提培养出创新型人才了。

教育领域中的现代信息技术，尤其是网络教学的普及，使得师生都能在一个信息源丰富且多元的环境中获取信息，两者获得信息的机会几乎是均等的。教师不应再是信息的传递者或者优秀知识体系的展示者，而应从原先的知识权威角色转变为学生学习的引导者和合作伙伴。学生不应该被动地接收信息刺激，而应该主动去构建知识，这就要求学生根据自身的知识背景，主动地选择、处理和理解外部信息，从而获得知识的真谛。所以，信息化的教学模式基于现代教育环境中的信息传播方法以及学生处理知识信息的心理过程，最大限度地运用现代教育技术工具（主要包括多媒体计算机、教学网络、校园网），激活所有的教学媒介和信息资源，营造良好的学习氛围。在教师的策划和引导下，最大限度地激发学生的主观能动性、积极性和创新性，让他们真正成为知识的主要构建者。在这个模式中，教师变成了课堂教学的策划者、引领者，以及学生意义构建的推动者，而非知识的传递者和课堂的掌控者。

总之，教师无法直接将知识传授给学生，学生需要与学习环境互动以完成知识的构建，这个过程无法被他人代替。教育不仅仅是知识的传递，更是知识的处理和转化，教育的目标从传递知识转变为提升学生的能力，培养学生的主观意识、个性、创新性和实践技能。在教育过程中，教师需要注重激发和保持学生的学习动力，并为他们提供实用的学习工具。

第五节　信息化教育带来的挑战及应对方法

一、教师面临的挑战

在这个信息化时代，社会转型对人才提出了新的要求，为了适应这种转变，教育的改革变得越来越关键，而教师作为改革的推动者更显重要。随着信息化教育的进步，去中心化、分散化、平等、互动、共享和开放等特性正在深刻地影响并颠覆传统的教育教学理念、思维和方式，尤其是在移动互联网时代建立的学习生态圈中，对创新和智慧的需求日益增多。在信息技术的推动下，教育的多元性和终身性日益增强，学习方式也变得更加个性化和广泛化。教师的角色必须在培养学生创新能力的基础上进行重塑，在教育改革中承担更为关键的职责，从知识的传递者转变为培养学生质疑和创新精神的导师，成为推动教育改革的核心力量，成为信息化教育中不可或缺的关键组成部分并发挥重要作用。

（一）教师的角色和使命需要重新定位

1. 教师角色的转变

在信息化的教育背景下，教师的权力正在去中心化。在当前这个“全人类都在传递信息”的时代，人类社会的进步越快，权力的扩散也就越显著。在互联网的推动下，信息化教育的核心特性决定了教师权力的转变。获取知识的权力正在从教师向网络学习伙伴、网络专家、行业专家等人群转移。只要学生的电脑和手机能够连接到互联网，他们就能够查找和获取信息。在信息化教育中，知识、经验和信息已经不再是教师的专属。因此，在信息化时代，教师首先需要改变对知识和知识传递的看法。在传统媒体时代，教育建立在教师权力相对稳定的基础上，然而，在网络信息时代，教育则建立在权力分散流动的基础上。

教师的权力正在逐渐去中心化，这就意味着教师的角色需要进行转变。教师需要摆脱传统的角色定位，从知识的掌握者和传递者转变为知识的接收者。在传统的应试教育中，知识的传递具有强烈的目标性和权威性，方式和方法也相对简单，但因为应试教育的影响，知识的传递成了教师的主要职责和工作。实际上，教师对学生思维的启发和引导、对学生的情感交流和价值观的引导是最关键的，然而，这在实际的教育过程中常常被忽视，但这正是“以人的全面自由发展”为目标的教育所需要关注的。在信息化教育的背景下，知识的传递相对简单，学生能够利用互联网教育平台接入的各类学习资源获取所需的知识，而不仅仅从教师那里获取。有时候，学生获得的知识或掌握的知识甚至比教师所掌握的知识更为丰富。因此，在这个以互联网为基础的信息化时代，教师的知识权威将无法避免地被削弱，教师需要从过去的知识传递者身份中解脱出来。为了满足时代对创新和智慧人才的新需求，教师需要肩负起新的责任，转换角色和功能，发挥更大的作用。一方面，教师是引导学生勇于质疑的导师。在这个信息化的时代，学生获取知识和信息的途径大幅度增加，面对众多的信息，如何判断哪些信息具有价值呢？教师必须指导学生选择合适的内容进行学习，自觉地培养学生的批判性思维和质疑精神。另一方面，教师是引领创新思维的导师。在互联网时代，教育目标的核心就是强化对创新人才的培养。教师培养创新型人才不只是教授知识，更关键的是通过教授学生认知方法的方式构建学生对世界的理解方式、路径和认知模式，以培养学生创造性地理解世界、改变世界和解决问题的能力。培育学生的创新能力是教育改革的永恒追求，也是教师的责任所在。因此，在信息化教育的背景下，教师角色的转变更为关键。

2. 新时代教师应承担的使命

在信息化的教育背景下，教师的角色定位与教育目标变革、人才培养目标变革等紧密联系在一起。在大数据、人工智能、移动互联网、云计算迅速发展的时代背景下，各种新技术层出不穷，推动着教育变革的脚步不断向前。教师是推动教育改革的实践者，他们是新技术与教学深度结合的策划者、执行者、推动者和指导者。教师对新技术的应用能力以及他们自身的知识水平、能力素质和责任感将是信息化教育进步的关键因素，教育改革的成功与教师的影响力有着紧密的联系，教育改革的进程和效果与信息技术的应用密切相关。在早期，教师可以通过幻灯片来方便地呈现教学内容，减少板书的时间，并且利用相关的图片和视频等让学生直观地理解教学内容的历史文化背景，这对于学生理解所学内容有着很大的帮助。现在，教育信息化的进程不断加深，教师对各类新技术的理解、认识和运用能力也在持续提升。例如，教师可以利用大数据技术做出教学决策，运用人工智能和物联网的相关技术进行智能化教学，并提供个性化的教学和学习服务等。在教学过程中，教师主动地应用新技术，教师的关注点不是技术本身，而是回归教学的本质，真正实现教育的目标，将技术转化为一种工具，并通过相关技术达成教育的目标。

（二）师生关系需要被重新构建

1. 旧关系的解体

在信息化的环境中，新兴技术产生的强大推动力促进了教育的进步，引发了一系列的改革，同时也对教师产生了影响。毫无疑问，教师是教育改革的核心力量，教师在教学理念、教学方式等方面的成功转变与信息化技术的运用紧密相连。在传统的教育模式下，教师主要使用粉笔和黑板进行教学，学生则是知识的被动接收者，教师在教学过程中占据了主导地位。然而，随着信息化教育的普及，移动互联网、平板电脑、电子书包等新兴技术的引入，上课不再是学生获取知识的唯一途径，这也导致教师与学生的关系发生了变化。

首先，教师已经不再是知识权力的核心。随着学生能够通过互联网随时随地获取学习资源，以教师为中心的教育模式已经瓦解，学生成为学习的主导者，他们可以积极地探索自己感兴趣的领域。为了适应新时代对教师角色的新要求，教师必须持续学习新的知识，改变过去的教学理念，重新构建师生关系。

其次，在信息化教育的环境中，社会对人才的新需求需要新的教育观念、教学方法和教学手段。这就要求教师必须持续学习，不断更新教育理念，刷新自己的知识结构，以满足新时代对教师专业技能的需求，满足新型人才培养的需求。教师的成长得益于信息化教育的多元化途径，他们可以在网络上自我学习，通过各种研修平台与其他教师或学生进行交流和沟通，深入思考和总结，持续提高自己的教学水平，有效推动自己的专业进步。

最后，学生有能力利用各种学习资源，并可以通过各种信息平台获取相关信息，教师作为知识权威的地位正在发生变化。在信息化教育的环境中，教师的核心地位正在逐渐被取代，教师在探索式、任务驱动式、小组协作式等新型教学模式中建立了新的师生关系，与学生形成了学习的共同体。

2. 新关系的重构

在传统的教育模式下，教师的角色是主导的，而非被动的。根据传播学的观点，面对面的教师和学生的互动，无论是在信息反馈的即时性，还是在交流效果、互动深度以及情感影响方面都表现出了优秀的效果。目前，无论是学校教育还是社会教育，主要通过师生面对面的交流来实现。尽管面对面的交流能够展示出交流的深度，但在交流的广度上却存在其自身的限制，因为只有在特定的时间和空间内，面对面的交流才能实现。在信息化的时代背景下，知识的更新速度如火箭般飞快，传统的学校教育已经无法满足学生对知识的渴望。仅仅依赖面对面的互动方式已经不能满足人们在追求知识的过程中对问题的解答和分享需求，因此，迫切需要新的交流方式来满足信息化时代对知识传播的需求。在这个信息化的时代，每个人都在不断地变化，随时都可能遇到新的挑战，因此需要持续地刷新自己的知识体系和解决问题的策略、思维模式等。当前，许多高校采用线上教学的方式开展教学活动，摆脱了时间与空间上的限制，使教学更加灵活。

在信息化教育环境中，互动的多样性导致了教师和学生角色的转变，教学活动的互动主体从以教师为主转变为教师和学生互为主导。许多信息技术的应用都是围绕如何有效地协助教师教学进行的，人们正逐渐意识到教师的知识水平、能力素质和责任感将成为影响信息化教育的关键因素。教育网络已经成为学习过程中最关键的平台，无论何时何地，学生、教师和管理者都能进行一对多或多对多的交流。当学生需要帮助时，教师能够与他们进行互动，这构成了一种全新的师生互动模式。在这种新型的互动关系中，教师和学生能够共同参与。教师不只是学习过程的策划者和指导者，也是学生学习过程的陪伴者和分享者。教师和学生都是学习的参与者，并且都是主体，他们在教育和学习过程中并非权威的上下级关系，而是相互协作的平等交流关系，这是一种创新的师生关系和新的学习环境。

在信息化教育环境中，学习群体正在逐步建立。学习群体是指学习过程的参与者（包括专家、教师和学生）围绕一个共享的主题，在相同的学习环境中通过参与活动、反思、合作、解决问题等方式构建的一个具有独特文化气息的动态结构。无论是在线下的教室或课堂，还是在网络环境下的远程教室或课堂，教师和学生都以学习任务为中心，相互交流，共享知识、见解，一起寻找解决问题的途径，创新解决问题的策略。在教育和学习过程中，教师和学生形成了学习社群式的互动关系，也就是说，教师和学生都有学习的责任和权利，他们共同寻求创新。学习是一种自发的组织行为，与传统教育的领导者角色不同，教师在设计教学活动时以学习伙伴的身份参与其中，让学生有机会去探索独特的学习交流方式，推动师生、生生之间积极开展有意义的对话。分享学生在学习过程中的喜悦、感受和体验，适时地进行讨论和思考，解决困惑，建立新的对世界的理解模式和行为方式。

二、技术融合能力的挑战

在21世纪，信息技术对教育的影响是巨大的。信息技术不仅改变了教育方式和学习模式，更为关键的是，信息技术对教育理念、观点、模式、内容和方法产生了深远的影响。

信息技术的革新正在以惊人的速度改变我们工作和生活的各个领域，人类社会正在迅速转变为高度信息化的社会，知识快速增长，更新速度也在不断提升。在这样的社会环境中，教育也开始走上信息化的道路，信息技术已经在教育管理、教育改革、教育教学等多个领域产生了全面的影响。教育领域正在经历一场由信息技术引发的从形式、内容到观念的深刻转变。如何运用信息技术来提升教育教学的品质，已经成为迫切需要解决的重大问题。

（一）信息技术在教育教学中的功能特点

教育领域中的信息技术应用弥补了传统教育的诸多缺陷，改变了传统的知识储存、传递和提取方式，推动了教育的革新。信息化、智能化、网络化和多媒体化的信息技术为现代教学注入了新的活力和生机，其在教学过程中的运用相较于传统的教育技术，具有更大的优势和更明显的功能特性。

1. 具有丰富的表现力

利用多媒体技术，知识内容可以通过文字、图片、动画、音频、视频等多种形式或者多种形式的结合来呈现，从而使得知识内容更加丰富多彩。多媒体技术的应用能够刺激多种感官，有助于学生的记忆，明确学生进行联想的路径。

2. 提供良好的教学管理功能

计算机管理在电子化教学中的发展方向是在网络环境下创建学习档案，这些档案包括学生的电子作品、学习过程记录以及学习评估信息等。使用电子档案可以推动教学评估的革新，实现对学习过程的全面评估。

3. 实现自主式学习

多媒体技术不仅能够模拟真实世界，还能以生动形象的方式呈现出原本无法直接呈现的内容，同时也具备互动性，从而打破了传统的、被动的灌输式教学模式。

总的来说，现代信息科技在教育领域的运用是提升教育教学品质的关键手段之一，对教育行业的进步产生了深远的影响。只有当教师深刻理解这个道理，建立正确的思维方式，并积极掌握和运用现代化的教育工具，信息技术才能真正起到推动教育现代化、增强教学效果的积极作用。

（二）信息技术的引入对教师素质的要求

应用信息技术，将趣味性、知识性和实践性融为一体，让学生在兴趣驱动下获取知识，在实践中提升能力。教师需要充分发挥引领作用，根据学生和教材的特性，精心规划教学流程，精心设计教学环节，最大限度地激发学生的学习积极性和主动性，让他们充分感受到成功的快乐。教师在塑造学生的观念时，应以现代教育理论为基础，遵循认知规律和学生的身心发展规律，从社会发展需求的视角来提升学生的信息素养。

教师应该在教学方式上采用创新性的策略和工具，充分运用现代化的教学设备，并利用各类多媒体工具来辅助教学。通过可视化的静态或动态图像、悦耳的声音和丰富多样的符号，让学生产生强烈感受，并吸引他们的注意力。这样可以激发学生的学习热情，加强他们对所学知识的理解和记忆。

教师在教育过程中，要注重非智力因素的影响，激发学生的学习热情，增强师生情感交流，营造一个轻松、和谐、开放的学习环境，让学生在学习中感到愉悦，满足他们的求知欲。在教学过程中，教师根据教材、学生和设备的特性，将学习与娱乐相结合，教学与兴趣培养相结合，知识与应用相结合，动手与动脑相结合，智力因素与非智力因素相结合，以此来提升教学效果。在关注非智力因素的同时，也要重视学生兴趣的持久性，引导学生从一开始的好奇平稳过渡到全身心投入和主动学习。

三、教师应对挑战的方法

（一）成为创新型教师

只有具备创新思维的教师才能培养出富有创新精神的学生。教育不仅是“传道、授业、解惑”，还需要根据学生的心理特性，培育他们“爱问、善问、会问”的思考方式和解决问题的实践技巧，使他们成为创新型人才。教师需要具备深厚的学识，并持续吸收新的知识，以便在课堂上能够熟练运用教学方法、灵活应对各种情况。教师需要根据自己班级的实际情况，在教学方式上进行创新，针对不同的班级、不同的时间和地点，采用不同的教学方法，让学生感受到“持续更新”的乐趣。假如教师只是遵循参考教案，按部就班，那么学生又怎么会积极创新、勇敢挑战呢？

（二）建立融洽的师生关系

营造和谐的课堂气氛，使学生在课堂上“愿听、愿想、愿说”“敢疑、敢说、敢辩”。

只有当教师和学生之间建立起和谐、平等的关系，学生才能在课堂上自由表达自己的想法和观点，不会畏惧在课堂上出丑，也不会害怕被教师批评，从而能够提出自己的问题和看法。只有这样，才能营造一种充满活力和生机的教学环境。只有在这种轻松愉悦的氛围中，学生才能真正展现出自我主导的能力。只有在这样的课堂教学中，学生才能更好地将自己视为课堂的主宰，解放思想，挖掘内在潜力，发挥自身的主动性，从而使课堂充满活力。

（三）引导学生思考

教师在教学过程中激发学生的思考能力，启发他们的想象能力，并鼓励他们提出疑问，这是培养学生创新能力的关键。

1. 注重引导

教师就像一颗火种，学生就像等待点燃的火炬，教师的职责就是用火种的火焰点亮一个个火炬。在教学过程中，教师的引导起着至关重要的作用，一个问题，一个假设，在课堂上都是如此的重要。教师的角色应该是指导性的，教师的职责并不仅是教给学生知识，引导学生思考问题，而且要教会学生在一个新的层面上思考问题。在指导学生的过程中，教师应该让他们自行寻找问题并解决，不能一味地帮助他们解决。当遇到一些比较棘手的问题时，教师应该善于启发他们思考，扩大他们的视野，鼓励他们多多尝试。

2. 启发想象

爱因斯坦曾说过：“想象力比知识更重要，因为知识是有限的，而想象概括一切，推动着进步，并且是知识进化的源泉。”[①] 显然，想象力的重要性不言而喻。没有想象力就没有创新，而善于创新的人必定擅长想象。在教育过程中，教师要尽可能地为学生提供想象的环境，大胆地放手，激发他们的“奇思妙想”，这样学生就可能找到推动问题解决的“支点”或“杠杆”。

---

① 樊茹．行进在课改路上[M]. 天津：天津科学技术出版社，2013.

3. 鼓励质疑

质疑的本质是提出疑问，也就是将内心的困惑以问题的方式呈现出来，接着进行积极的思考，提出自己独特的观点和解决问题的策略。学习来自思考，思考来自质疑。在课堂上，教师应该鼓励学生勇于提出质疑，书本上的知识并不一定是正确的。

（四）培养学生的创新能力

教师要培养学生的创新能力，就应当增强课堂的趣味性、知识性和竞技性。

1. 课堂的趣味性

兴趣是最好的老师，一旦产生兴趣，学生就会积极、主动、坚定地进行学习。在这种情况下，学生会提出问题，持续思考问题，不断迸发灵感，在课堂上活跃起来。教育是教师与学生的互动过程，只有通过这种双向交流，才能激发学生对学习的热情，让智慧在课堂上碰撞出火花，让学生的兴趣“沸腾”，激发出学生的创新思维。

2. 课堂的知识性

学习的目的在于应用，知识构成了能力的根基，只有在实际应用中知识才能转化为能力。因此，培养创新能力不能忽视知识的重要性，没有知识就无法谈论能力，更别提创新能力了。

3. 课堂的竞技性

在课堂上，教师要根据学生的心理特性，采用竞技的方式来提升他们的创新能力。

教师要重视在课本中寻找有助于创新的元素，并让学生自行演绎书中的精彩部分，让他们能够感受到书中的情感。对于某些知识点，学生可以通过竞答的方式进行比赛，也可以举办辩论比赛和游戏比赛等。在教学过程中，教师要尽量创造一个充满讨论的环境，让学生在讨论中吸收知识，提升创新能力。在比赛过程中，如果每个学生都全神贯注地阅读，争先恐后地发表观点，这不仅提高了学生的自主学习能力，也培养了他们的创新思维，让学生在紧张而愉快的环境中掌握知识，提升能力。

第二章　信息化教学设计

本章为信息化教学设计，围绕着信息化教学设计概述、学生的特征分析、教学目标设计、教案设计、教学策略分析和教学评价设计六个方面进行了详细论述。

第一节　信息化教学设计概述

一、教学设计概述

教学设计以学与教的原理、传播科学和系统科学等为理论基础，以教学系统和教学过程为研究对象，以获取优化的教学效果为目的，是连接教学理论和教学实践的桥梁。

（一）教学设计的概念

教学设计也被称为教学系统设计，其主要目的是通过应用教学系统的方式研究教学难题、明确教学需求、制订教学计划、实施教学计划以及对实施效果进行评估，并在此基础上持续优化教学的整体规划和决策流程。教学设计是一种实用的教育方法，它不仅拥有常规设计的特点，也需要遵守教学的基本原则。

在日常的教学实践中，教师制订教学计划、分析教学内容、准备教学方案、检查评估教学效果等都是针对教学活动进行的设计工作，但它往往局限于教师的经验水平和直觉层次。现代教育技术层面上的教学设计，通常被定义为运用教学系统方法开发媒体学习材料和规划教学活动方案的系统化组织过程，它是对教学系统进行规划和组织的方法步骤和决策程序，其产出结果一般是经过验证的教学系统或教学实施方案。

教学设计的宗旨是促进学生获得知识和技能，不同类型的知识和技能的获得需要不同的学习条件，教学设计的目的就是开发能够促进学生掌握各种知识和技能的学习材料与教学情境，以满足不同知识类型和不同学生对学习条件的不同需求。由于教学系统的结构比较复杂，任何教学理论和教学技术又都具有一定的局限性，因此，教师在进行实际的教学活动和教学开发时，除了应该遵循教学设计的一般原理，还应该结合自己的教学经验，充分发挥自己的创造性，以便体现教学的个性化特征。

（二）教学设计的流程模式

教学设计方法具有流程化的特点，各种类型的教学设计方法所涵盖的流程各异，然而，大多数的教学设计方法涵盖了一些相似的核心元素。这些相似的元素能够通过 ADDIE（analyze 分析、design 设计、development 开发、implementation 实施、evaluation 评价）模型进行总结，从而形成了教学设计的流程模式。

1. 分析

分析阶段是其他教学设计阶段的基础。在这个阶段，必须明确或确定问题的起源以及可能的解决策略。分析阶段的成果通常包含教学目标和教学任务。这些成果也将被视为设计阶段的输入。

2. 设计

在进行分析的基础上，需要制订一个开发性的教学方案。这个过程中，要详细阐述如何实现教学目标。设计阶段涵盖了阐述目标对象、学习分析、制定目标、项目测试、选择传输系统以及规划教学流程。

3. 开发

开发过程建立在前两个阶段之上。这个阶段的主要目标是制订课程方案、准备相关素材。在这个阶段，需要研究并开发教育过程中使用的各种媒介以及所有的辅助资源。

4. 实施

实施阶段是指教育的实际应用，可以是在课堂上进行的教学、在实验室里进行的教学或者利用计算机进行的辅助教学。在这个阶段，教师必须帮助学生理解学习内容，帮助他们掌握学习目标，确保他们能够将在教学环境中获得的知识运用到实际的工作中。

5. 评价

在评价阶段，需要评估教学的效果和效率。评估可以是形式化的，也可以是总结性的，但它应该贯穿整个教学设计过程。形式化评估是指在每个阶段执行过程中和阶段之间进行的评估活动，而总结性评估则是指在执行教学计划后进行的评估，其结果通常是最后分析教学成功与失败、确定改进策略或决定该教学计划是否继续使用的关键依据。

ADDIE 是一个适用于各种学习类型（包括基于网络的信息化学习）的教学设计模型。传统教学设计模式经过几十年的深入研究与发展，已形成了一套比较完整、严密的理论体系，其可操作性强，目前仍是教学设计的主流。由于受到行为主义教学理论的深远影响，即便是比较重视认知设计的一些理论模式，通常也更多地重视教师的“教”，因此，这种教学设计理论也常被称为以“教”为主的教学设计。这种教学设计的优点是有利于教师主导作用的发挥，有利于开展系统化教学，并具有较强的实用性和可操作性；其不足之处主要在于这种教学设计理论忽视了“学”的设计，学生学习的积极性和主动性受到一定程度的限制，学生的主体作用难以得到充分发挥。

（三）建构主义教学设计观

按照建构主义的理论，学生是主导认知学习的主角，也是积极构建知识含义的主体；教师则是协助和推动学生学习的辅助者，仅对学生的学习构建进行支持、指导和推动；学习是学生获取知识的途径。然而，知识并非由教师直接传递，而是学生在特定的学习环境下，依赖他人（包括教师和学习伙伴等）的帮助，并运用必需的学习资源，通过意义构建的手段获得的。因此，建构主义的学习观念主张在教师的辅导和引领下，以学生为核心进行学习。这个学习流程主要涵盖了情境、合作、对话和意义构建四个关键环节，而且，教学设计更加注重学习的主动性、社交性、情境性、合作性和开放性。

①教学情境必须有助于学生对知识内容的理解和构建。在建构主义的学习环境中，教学设计不仅需要考虑教学目标，还需要考虑如何创建有利于学生理解和构建知识的问题情境，并将这种情境创建视为教学设计中最关键的部分之一。

②合作活动始终存在于学习过程中。它在收集和分析学习资料、提出和验证学习假设、评估学习成果以及最终构建学习意义方面都发挥了关键作用。

③对话是实现意义构建的关键途径，是合作学习过程中必不可少的一环。合作学习也是一个对话过程，在这个过程中，每个学生的思考成果都能被学生群体所共享，因此，对话是实现学生学习意义构建的关键途径之一。

④意义构建是学习的终极目标和归宿，也是整个学习过程的最终目标。教师在学习过程中协助学生构建意义，实际上是通过教学环境来帮助学生对知识内容所揭示的事物的属性、规则以及该事物与其他事物的内在关联等有更深入的理解

和认识，并帮助学生形成对学科知识的认知框架。

与传统的教学设计过程相比，建构主义教学设计更强调学习情境的创设、信息资源的设计与应用，以及对学习过程中“对话”与“合作”活动的设计，其教学评价自然也重视过程的对话与合作，以及学生个体对知识意义的建构和理解。建构主义和行为主义、认知主义指导的传统教学设计并不是相互取代的关系，这些教学理论分别解释了学习过程的不同侧面，在不同的学习情境下它们是互为补充的。建构主义对于一些复杂的学习领域以及设定了高级学习目标的教学设计是比较适合的，可以在很大程度上弥补经典教学设计方法过分分离与简化教学内容的不足。

二、信息化教学设计分析

（一）信息化教学设计概念

教育信息化的实质就是，在信息化的背景下，教师和学生通过使用现代的教育工具、教育数据以及科技手段来实施的互动性的教育。这不仅涉及教师和学生利用现代教育工具来执行的教学任务，同时还包括利用信息科技来实现的教学过程。这种方法的独特之处在于：依赖信息科技；引领现代教育与教学观念；注重创造新颖的教学方法；课程内容呈现出更加显著的现代感与多样性；教学方法更符合学生的学习需求与个人特质。信息化的教学方法并不只是建立在传统教学方法的基础上，也包括现代信息科技所带来的一连串的教学结构的改良与转变。

教学设计的信息化是指采用系统化的方法，以学生为核心，充分运用现代信息技术和信息资源，科学地规划教学过程的各个环节和元素，以达到优化教学效果的目的。信息化教学设计利用信息技术创建信息化环境、获取和使用信息资源，支持学生的自我探索学习，培养学生的信息素质，提升学生的学习热情，从而提高教学效果。

（二）信息化教学设计特点

相较于传统的教学设计，信息化教学设计具备以下特点。

①信息化教学设计以建构主义学习理论为基础，但并未否定行为主义的理念。建构主义学习理论主张，所有的学习过程都是一个不断尝试、不断犯错和失败，最终才能取得成功的过程。

②教学过程设计是设计的关键，注重创建学习环境和使用学习资源。

③学习主题是跨学科的，强调全面性。

④实施探索式学习、资源化学习和协作式学习的教学方法。

⑤以教学单元为教学周期，教学单元可能是某章节、某节，或者是围绕某一主题整合的相关学习内容。根据教学单元的内容来确定课时，而不仅仅为了完成课时工作量而安排内容。

⑥评估教学的方式基于电子作品集，而非基于终止性考试。

（三）信息化教学设计原则

建构主义理论是信息化教学设计的指南，鼓励学生在资源、合作和研究等方面充分利用信息技术进行学习，以便其在富有意义的环境中主动构建知识。信息化教学设计的基本准则主要涵盖以下五个方面。

①强调学生的主体性，重视在信息化学习中培养学生的探索技能。

②教师作为学习的引领者，主要负责创建问题环境，组织学习活动，指导、监控和评估学习过程，并提供必要的学习资源和技术支持。

③强调通过“任务驱动”和“问题解决”的方式进行学习研究，注重在真实有意义的环境中进行学习，并充分利用各类信息资源和技术手段来支持学生的学习过程。

④注重学习过程中的社会合作和互动活动。合作学习不只涉及学生和教师之间的合作，也包含教师之间的合作，并且强调对各种学习成果的讨论和分享。

⑤重视对学习过程和学习资源的评估，注重运用过程性评估方法，通过评估来推动学生的发展。

（四）信息化教学设计流程

信息化教学的设计流程包括单元教学目标分析，学习任务与问题设计，学习资源与工具设计，教学过程与活动设计，学习案例与作品范例设计，学习评估标准设计，教学单元计划实施，学习评价、反思与调整等环节。在全部的教学设计流程中，一般会按照一个固定的顺序来分析和执行每一个步骤，然而，如果需要，也可能会跳过一些环节或者重新安排。教师需要在理解基本设计流程的前提下，根据自身所教授课程的特性和实际情况调整教学设计流程。

1. 单元教学目标分析

教师需要依据国家或地方的课程标准，研究学生的特性和课程学习的特性，基于此来设定单元学习目标，明确在教学过程中需要解决的问题或需要完成的任务。这是信息化教学设计的初始阶段。

2. 学习任务与问题设计

确定学习任务或问题（主题／项目）时，应与单元学习目标保持一致，并且应具备吸引力、趣味性和挑战性。任务和问题应体现学科的基本理念、原则、规律，应全面描绘或适当模拟问题产生的环境，详细阐述问题可控制的因素，以便让学生更好地融入问题情境，培养问题意识，或增强对任务的主动性。

教师要设计能够激发学生学习积极性的任务或问题，鼓励学生主动探究与合作。借助丰富多彩的实践活动来进行学科基础知识和技能的学习，融合各种信息工具和资源，将知识的学习和运用有机联系在一起，为意义构建提供必要的真实情境，注重学生创新思维和实践能力的培养。

3. 学习资源与工具设计

教师需要依据学习主题和任务内容的需求，整理相应的学习资源和技术工具，以便在教学过程中提供给学生。在整理学习资源和技术工具的过程中，教师需要结合现有的信息化环境，有效地运用传统的教学资源和技术条件；明确各种学习资源的获取方式是由教师提供，还是由学生根据任务自行寻找；明确各种技术工具的学习功能，特别是信息化认知工具在学习过程中的应用规定等。

在信息化教学设计中，教师的信息技能被高度重视，他们需要拥有获取、处理、整合和评估信息的技巧，这样才能指导学生有效地运用资源进行学习。如果教师提供了学习资料和技术工具，那么教师就需要预先搜索、收集并严格评估这些资源的学习价值，以保证学生能够获得可靠且有益的学习信息。如果让学生自己去搜索，那么教师需要制定出搜索和收集信息资源的目标、标准、方法等，以避免学生在寻找信息的过程中无意识地消耗时间。

4. 教学过程与活动设计

教师需要精心规划如何协助学生完成学习和研究的流程，这其中涵盖了学习的路线、对教科书的解读和深入研讨、制订学习的计划和组织模式、每天的课堂教育实施，还有针对各类学生的特性选择适当的教育手段和环境。例如，教师可以向学生解释学习的具体方法，包括如何进行研究，以及必须按照什么步骤来实现目标。教师的教学方法应当丰富多元，同时也要把传统的课堂学习、学校学习与网络虚拟学习相融合，实现个人化学习、团队学习／互动学习与班级授课的整体配合，这样可以确保教学方案的顺畅实施。

5. 学习案例与作品范例设计

为了丰富学生的学习体验，教师应当提供与主题学习任务紧密相关的各类学习案例或学生的学习作品范例。这些学习案例应有助于唤起学生已有的知识经验，并与他们已有的知识经验有所联系。案例必须能够阐述问题的复杂性，不能用抽象和简化的案例来替代复杂的问题。

在没有现成的学习案例或作品模板可供参考的情况下，教师要有能力模拟学生创作任务完成后的学习作品。设计学生作品的初衷是给学生提供学习的参考，更关键的是，通过制作学生作品，教师可以深化对教学内容的理解，感受在教学过程中学生可能遇到的问题和挑战，从而能够及时调整或修正教学计划，使得教学设计更好地适应学生的学习状况。

6.学习评估标准设计

在教师进行教学评估时，评估量表是一个重要的工具。为了能够在教学过程中准确地评估学生的学习成果，教师需要依据教学目标来设定适当的评估标准。学习评估量表的设定应该基于教师和学生的共同认可，其选择和构建必须具备科学性，并且应该满足学生对学习成果和形态的预期，同时也要满足课程或单元的学习目标、主题任务以及学生的心理需求。对于学生来说，预先准备好的学习评估标准能让他们了解到教学目标和学习成效。因此，在某种程度上，这些标准也可以作为引导学生进行学习的准则。

7.教学单元计划实施

按照教学计划，教师要有能力设计出切实可行的教学方案和活动策略。在执行课程或单元教学计划时，教学计划可以根据实际的教学状况进行适时的调整。在执行教学计划的过程中，应该体现学生的自我管理和组织参与，教师应该为学生提供合适的策略建议、咨询支持、学习指导和心理激励等。

8.学习评价、反思与调整

对于教学设计的每一个步骤，教师都需要对其进行评估和反馈，并且需要随时对教学流程进行调整。评估、反思与调整应该始终存在于信息化教学设计的过程中。在执行教学设计方案的过程中，教师应该适当地让学生展示他们的学习成果（作品），并解释成果产生的过程；按照预定的学习评估标准进行自我评估、同伴评估、教师评估或外部评估；为学生建立一个关于学习过程的自我评估表，让学生能够审视自己的学习历程，并依据评估结果来反思学习的收获和损失，以及改善学习方法或调整学习行为等。

第二节　学生的特征分析

教学设计的最终目标是有效促进学生的学习，每一个学生都会将他们过去所掌握的知识、技能和态度融入新的学习过程中。因此，评估一个教学设计是否适应学生的特性或在多大程度上适应学生的特性，是衡量其成功与否的关键指标。对学生产生影响的因素众多，那么在教学设计过程中应该考虑或分析哪些因素呢？

一般认为，为了能设计出对学生最合适的教学方法，应尽可能了解学生各方面的特征。然而，在实际操作中，教师无法完全掌握学生的所有特征，因为这个过程可能会非常昂贵且耗时；同时，并不是获取的所有信息都是有价值的或者具有设计意义。因此，在进行学生特征分析时，教师的重点是理解那些对现行教学系统设计产生直接且关键影响的因素。在进行教学设计的过程中，教师应该掌握哪些学生的信息呢？通常，对学生特征的研究应包括学生的认知能力（水平）、初级知识和技能、对学习内容的学习方式等，这些特征对于提升教学系统的实用性和针对性有着关键的作用。

一、学生认知能力分析

对学生的认知能力进行研究主要是为了理解他们在各个认知发展阶段所展现出的感知、记忆、思考和想象等特性。在这个领域，瑞士知名的发展心理学家皮亚杰（Piaget）提出的认知发展阶段理论可以为教师分析学生的认知能力或认知发展水平提供一个明确的框架。经过多年的研究观察，皮亚杰发现，从出生到成为青少年的过程中，个体的认知发展呈现出阶段性的特征。他将认知成长过程分为四个阶段：感知运动阶段（0～2 岁）、前运算阶段（2～7 岁）、具体运算阶段（7～11 岁）以及形式运算阶段（11 岁以上）。每个阶段的认知特征都有所不同（见表 2-2-1），但在同一发展阶段内，各种认知能力的提升是均衡的，也就是说，在不同的领域表现出的能力是协调的、等级相同的，每个人都会按照一定的顺序经历相同的发展阶段。

表 2-2-1　皮亚杰认知发展不同阶段特征比较

阶段	特征
感知运动阶段（0～2 岁）	靠感觉获取经验，个体靠感觉与动作认识世界。1 岁时发展出物体恒存的概念，以感觉动作发挥图式的功能。所能做的只是少数的反射动作，如吮吸、吞咽、握持、哭叫、视听等
前运算阶段（2～7 岁）	遇到问题时会运用思维，开始运用简单的语言、符号进行思考，具有表象思维能力，但缺乏可逆性，思维方式常常不符合逻辑，以自我为中心。具体表现：单一思维，如认为排列成一行的 10 枚硬币比堆成一堆的 10 个硬币多；不可逆性，如认为压平了的盒子不能再做成盒子；以自我为中心，认为自己喜欢的东西别人也喜欢
具体运算阶段（7～11 岁）	开始进行心理运算，能使用具体物体的操作来协助思考，出现逻辑思维和零散的可逆运算，但其思维还具有局限性，抽象的语言推理还不能进行，离不开具体事物的支持
形式运算阶段（11 岁以上）	开始运用类推方法，具有逻辑思维和抽象思维，能在头脑中把形式和内容分开，使思维超出所感知的具体事物或形象，可以进行抽象的逻辑思维和命题运算

通过上述表格的分析可以发现高校学生具备如下特征。

①生理和心理的成长已经进入了更为完善的阶段，学习行为也逐渐从他人控制转变为自我管理。在思考能力、学习态度、学习动力、意志力以及情绪管理等方面都有显著的提升。

②智力的发展更为完善，思维的抽象性和理论性更高，并且从抽象逻辑思维逐步向辩证逻辑思维发展；观察事物的目标性和系统性有所增强，能够按照程序掌握事物本质属性的细微特征；思维的组织性、深度和批判性也有所提升；独立性提升，注意力保持稳定，专注力的覆盖面进一步扩大。

③在情感层面上有着更为清晰的价值取向，对社会参与的认识非常深入，坚信自身的能力可以推动社会的进步和发展。学习的驱动力更偏向于信仰，自我调整已经建立在稳定的人格基础之上。

二、学生特定的知识和能力基础分析

特定的知识和能力基础是指学生在掌握某一特定学科或领域的知识和技能之前，已经具备的相关知识和能力的状态，这包括预备知识技能（也就是学生在学习新知识和技能时必须掌握的知识技能）和目标知识技能（也就是学生在学习新知识和技能之前对要学习的内容已经了解了多少)。在教学设计的过程中，对知识和能力基础的深入分析起着至关重要的作用。只有当教师清楚地理解了学生的知识和能力基础，教师才能确保教学的针对性。那么，教师应该如何确定每个学生的知识和能力基础呢?

对学生预备知识技能的了解可以通过访谈和观察的方式获得，而了解学生已有知识基础的有效方法则是编制预测题。在制定测试题目之前，需要在学习内容的分析中设定一个初始的教学目标，这个目标可以稍微高一些，这样可以让学生对各种预备知识和技能的掌握程度更为深入。接着，将这个目标以下的知识和技能作为预备能力，并以此为基础来编写预测题。

三、学生的学习风格分析

学习风格是由学生独特的思维、情绪以及身体活动所塑造的，这种模式是描绘了学生如何接收信息、如何与学习环境产生交互并做出响应的相对稳定的学习模式。另外，有些人则认为，学习风格是学生持久且具有个性化的学习模式，它是学习策略和学习倾向的融合。

(一) 场独立性和场依存性

场独立性是指个体更倾向于依赖自我内在的标准，不容易被外界的影响或干扰所左右，习惯于自我做决定。拥有这种特质的学生几乎不会因为环境的变化而改变对信息的理解。他们的自我驱动力相当强，能够基于内心的驱动去学习，无须依赖于教师的激励或同伴的赞扬。他们热衷于自我探索和思考，擅长寻找问题，有能力将教师的讲解或从书籍中获取的知识重新整合，并转化为个人的理解。对于这类学生，教师只需要给予适当的引导即可。这类学生擅长掌握数学、自然科学以及计算机等科学领域的课程。

场依存性是指个体较多地依赖外部参照，易受外来因素影响和干扰，习惯凭借环境因素对事物做出判断。具有场依存性特征的学生信息处理往往不太积极，甚至需要根据环境因素进行处理。他们更倾向于在人际交往的氛围中学习，并且期待教师能够有序地进行教学。这类学生更容易被他人的暗示所影响，而得到教师或家长的激励可以极大地点燃他们的学习欲望，但是一旦遭受批评，他们的学习热情就可能减退。针对这一类型的学生，教师需要不断指出他们的错误，并适时给予激励，以增强他们的学习热情。通常，他们对于语文、外语这样人文和社科类的知识更为热衷。场依存学生和场独立学生学习特点对比如表 2−2−2 所示。

表 2-2-2　场依存学生和场独立学生学习特点对比

场依存学生	场独立学生
注意到概念和材料的总体方面	注意课程材料的细节
使课程个性化——将概念和个人经验相联系	关注事实与原则
从教师那里寻求指导与示范	几乎不寻求与教师的接触
寻求能加强和教师关系的奖赏	与教师的正式互动仅限于手头任务——寻求非社会性奖赏（如分数）
喜欢与别人一起学习，对他人的情感和意见敏感	喜欢独立学习
喜欢合作	喜欢竞争
喜欢由教师提供组织信息	能自己组织信息

（二）沉思型和冲动型

沉思型学生的感知和思考模式主要是反思，他们的逻辑推理能力强，判断力也相当高。当他们面临某个问题时，通常会保持谨慎和小心，而不是马上去解答；只有在对选定的答案进行多次深度思考，确保没有错误的情况下，他们才会开始解答，因此，他们的错误率相对较低，但他们的思考时间却相当长。这些学生擅长处理细微的学习任务，如阅读理解、逻辑推断、创新、制作等，然而他们的反应速度较慢。他们喜欢在团队协作的环境下学习，而且其意志力对学习活动的影响远大于情绪的影响。

冲动型学生通常具有强烈的直觉和冲动性，他们很少全面思考解决问题的各种可能性。他们通常只基于一些外部信息，凭借直觉来形成自己的观点，有时甚至在没有听清楚问题要求的情况下就开始回答。虽然他们花费的时间较少，但错误率却相当高。这类学生在完成需要全面解析的学习任务时表现得更好。他们喜欢在竞争环境中学习，情绪的影响常常对他们的学习产生很大的推动力。然而，因为阅读技巧不佳，学业表现并不尽如人意。但是，如果从解决问题的角度来看，冲动型学生并不一定比沉思型学生差。

（三）整体策略和序列策略

整体策略又称同时加工策略，是指处理问题时把问题视为一个整体，同时从各个角度对问题进行全面观察和思考，并据此在大范围内寻找与其他材料的联系，从而解决问题的思维方式。学习过程中，使用整体策略的学生较多地运用理性思维，首先从现实问题出发，然后联系抽象问题，再从抽象问题回到现实问题，并以此检验问题之间的异同。

序列策略又称继时加工策略，是指处理问题时以线性方式对信息进行逐个加工处理，从而解决问题的思维方式。学习过程中，使用序列策略的学生往往把注意力集中在小范围内，擅长使用逻辑严谨、紧抓要点的方法，习惯把学习材料分成许多段，按照题目顺序依次学习。在学习过程快结束时才会对所学的内容形成一种比较完整的概念。

第三节　教学目标设计

教学目标是教育实践的导航仪，它在教学流程中扮演着指引路径、引领步伐、设定目标的关键角色。因此，在教学设计过程中，教学目标的清晰度、详细性和规范性会直接决定教育是否能够按照预期的、正确的路径前进。近年来，伴随着现代科学技术的快速进步，知识得到了爆炸式发展，使得部分的知识掌握变得既不现实，也没有必要。越来越多的人开始意识到学习的目标不仅是获取知识，更关键的是培养全方位的能力素质，形成自主学习和终生学习的能力，以此来持续获得新的知识。教育的目标应该更多地关注如何协助学生找到有效的学习方法，使他们能够深入理解所学的知识，能够有效地思考各个领域的关键问题，进行持续的学习和创新。那么，信息化教学目标设计到底是什么呢？教师应该如何制定信息化教学目标呢？

一、教学目标的含义

教学目标是一个预设的教学流程的愿景，是期望学生在学习后的行为、情绪和思维能够有所改变的结果。

在以学习为核心的信息化教学设计过程中，教学目标分析的目的是确定学生需要学习的主题或内容，也就是与基本概念、基本原理、基本方法或基本过程相关的知识。教学目标分析对于教学活动完成后需要达到的目标进行了全面的描述，包括学生在本节课将学习到哪些知识和技能、能够完成哪些创新产品、可能得到的学习成果，以及增强哪些方面的情感态度和价值观。教学目标包含知识目标、技能目标以及情绪目标。在实际的教学目标分析过程中，对教学目标的研究通常是与教学内容的研究相结合的。一般来说，在确定了一门学科的总体教学目标之后，教师需要明确为了实现这个总目标所需的学习单元或学习模块。在确定了单元学习内容或学习模块之后，教师还需要进一步设定每个单元或模块的学习目标，并确定实现单元学习目标所需的知识点。因此，对教学目标的解析通常涵盖两个关键部分：首先，识别出实现目标所需要掌握的知识、技能以及应具备的态度和情感等；其次，依据目标分类理论为特定的学习内容设定具体的目标。

二、教学目标的功能

教学目标是教学设计活动的出发点和最终归宿，在教学中，它具有以下几项功能。

（一）有利于教师的教学

教学目标是分析教材和设计教学活动的基础。教师在确定课时教学目标的同时，也会根据这些目标来规划和实施教学活动。可以说，教学目标不仅影响着教学系统的设计方向，也决定了教学的具体步骤、方法和组织形式，有助于确保教师对教学活动全程的管理。

（二）有利于学生的学习

教学目标能够激发学生的学习热情。为了激发学生的认知驱动力和自我提升驱动力，教师必须让学生理解预期的学习成果，这样他们才能清楚地理解学习内容的特性，采取明确的行动，对自己的行为结果进行归因，并最终获得自我认知、自我提升的快乐。

（三）有利于教学的评价

教学评价是依据实现教学目标的状况来衡量的。教学目标与教学评价有着密切的关系，互相影响。教学目标所描述的具体行为能为教学评价提供科学的依据。将全面、明确和可衡量的教学目标作为编写测试题目的基础，能确保测试的效果、可靠性以及题目的难易程度和区分度。一般来讲，教学评价测试题目编写的最佳时机在教学目标撰写之后，编写测试题目要紧扣教学内容的类别和教学目标的层次要求，保证测试题的信度和效度以避免学而不考，考非所学。

三、教学目标的分类

在教学实践中科学地确定和达成教学目标，除了了解教学目标的内涵与功能，还应了解教学目标分类理论。

教学目标是一个系统，具有一定的层次性，学校教育教学的目标可分为教学总目标、学科目标、单元目标和课时目标。通过逐层具体化，这个教学目标系统构成一个上下贯通、有机联系的完整体系（见图 2–3–1）。

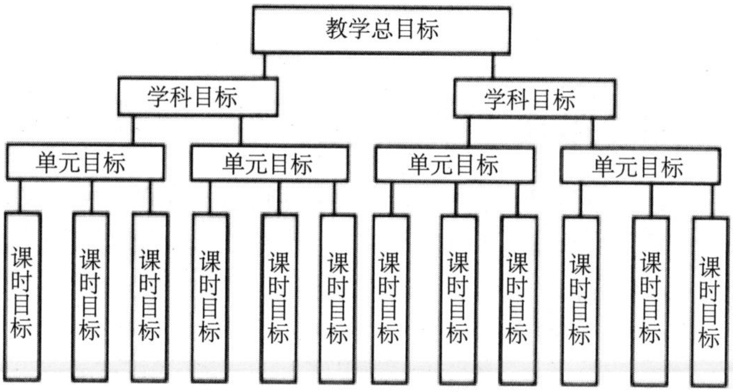

图 2–3–1　教学目标体系

（一）布卢姆教学目标分类

1. 知识

在教学目标的分类里，“知识”是指对以前所接触的知识内容的回顾，包含具体的事实、策略、步骤、理论等，而在心理层面，主要的过程就是记忆。

2. 领会

“领会”在教学目标分类中是指掌握知识资料的含义，包括转换（用自己的语言或方法来表达）、解释（对某一信息如图表、数据等进行解释或阐述）、推断（预测发展的方向）等。

3. 应用

在教学目标分类中，“应用”是指将已掌握的知识运用到新的环境中，包括对概念、原理、方法和理论的实际应用。应用的过程基于理解和领悟，是一种较高层次的理解。

4. 分析

在教学目标分类里，“分析”是指将复杂的知识全面拆解为各个组成部分，并理解它们之间的关系。这涵盖了对组成部分的辨识、对组成部分间关系的剖析以及对其内在结构的了解，例如，学生可以区分出因果关系，可以辨识出历史资料中作者的立场或倾向等。

5. 综合

在教学目标分类中，“综合”是指将已掌握的知识进行重新整合，构建一个新的知识体系，包括发布一篇独特的演讲或文章，制订一个操作方案或总结一套抽象的关系。它主要强调的是创新能力，也就是形成新的模式或结构的能力。

6. 评价

在教学目标分类中，“评价”指的是对资料（如论文、观点、研究报告等）进行价值判断的技能，包括对资料的内部标准（如组织结构）或外部标准（如某种学术观点）进行价值评估。例如，评估实验结果是否有足够的数据支持，或者对某篇文章的质量和价值进行评估。这是最高级别的认知学习成果。

（二）加涅教学目标分类

1. 言语信息

言语信息有时也被称为言语知识。在现代认知心理学中，它被称为陈述性知识，是人类获得的能力中最为熟悉的能力，即人类用语言来表达信息的能力。学习言语信息不仅要让学生能够逐字逐句地记住，更要能够用自己的语言来表达。根据语言信息的复杂性，将其分类为几种不同的教学目标：符号学习、事实学习和有组织的语言信息学习。

2. 智慧技能

人类的智慧技能实际上是运用符号进行操作的能力。这种能力从简单到复杂可以被划分为识别、理解、规则和高级规则四个部分。最基础的智慧技能是识别，也就是区分物体的差异性。而更高级的智慧技能是理解，也就是理解同类事物的共性特征，我们因此具备了对事物进行分类的技能。接下来是规则。当人们被规则所操控，我们可以说，他们在按照规则行事。运用概念和规则行事就是智慧技能的核心。最高级的智慧技能就是高级规则，高级规则是指运用基础规则来解决复杂问题的能力。

3. 认知策略

认知策略是一种独特的智力技巧，它与智力技巧的区别在于：智力技巧是个体学习如何利用符号与环境互动的技巧，是处理外部世界问题的技巧，而认知策略是一种内部组织的技巧，其功能是调整和监控概念和规则的应用，是处理内部世界问题的技巧，是个体对认知过程进行调整和控制的能力。使用认知策略的基础是拥有相应的智力技巧。

4. 动作技能

动作技能包含两个要素：一是操作规则，二是肌肉协调能力。学习动作技能就是让一套操作规则主导人的肌肉运动。这不仅指个体完成某种特定的动作，更指这些动作组合起来形成流畅、符合规则和精确的整体行为。

5. 态度

一种能够影响人们对某个事件做出个人决定的内在状态就是态度。这种状态是通过学习形成的，能够影响人们的行为选择。态度由认知、情感和行为三个部分构成。

四、教学目标的编写方法及应注意的问题

（一）ABCD 法

行为目标的编写方法简称 ABCD 法，行为目标是运用可以观察、可以测量的行为陈述的教学目标。

1. 行为目标组成部分

一个完整的行为目标应包括如下四个部分。

①陈述教学对象（audience），即行为目标中应先标明教学的对象。

②陈述行为（behavior），指的是教学结束后学生获得怎样的能力。

③陈述行为条件（condition），指的是行为产生时所需的条件。

④陈述行为标准（degree），行为标准是行为完成质量可接受的最低衡量依据，可从行为的速度、准确性和质量三个方面确定。

在编写行为教学目标时，行为的描述是核心部分，不能被忽视。相对地，教学目标、条件和标准是可以选择的部分，在编写过程中无需一一列出。例如，给出一组城市名称，解释它们是哪些省份的省会城市；给出银行对账单和一本支票簿，计算支票账目余额；安装并操作摄像机；选择积极健康的生活方式；等等。

2. 编写行为目标的行为动词

①记忆（对信息的记忆）：为……下定义、列举、陈述（或写出）……的名称、复述、排列、背诵、识别、回顾、选择、描述、标注、指出。

②理解（用自己的语言阐述信息）：分类、叙述、解释、鉴别、选择、转换、区分、估计、引申、总结、举例说明、推测、摘要、改写。

③实践应用（将所学知识应用于新的环境）：实践、计算、示例、改变、解释、阐述、修正、制订计划、设计方案、答疑。

④分析（将所学知识拆解，寻找各个部分的关联）：分析、分类、比较、对照、区别、审查、指出、评价。

⑤整合（将知识的各个部分重新融合，构建一个新的整体）：编写、撰写、创新、设计、提出、组织、规划、整合、总结、概括。

⑥评估（依据特定的标准进行评估）：鉴别、对比、评价、判断、证实、陈述……价值。

3. 行为目标编写示例

①从具体情况中寻找路程、时间、速度这三个参数。

②能够计算从起始时间到终止时间的时间跨度。

③只需要确定这三个参数中的两个，就能得出另一个参数：路程 = 速度 × 时间、速度 = 路程 ÷ 时间、时间 = 路程 ÷ 速度。将这些公式应用于实际问题解决。

④将网络上获取的速度、时间或路程数据转化为统一的单位。

⑤根据需求在网络上搜索信息，并且能够处理、评估和分析信息，利用这些信息来解决生活中的实际问题。

⑥能够共享信息并进行讨论，通过这些信息来解决问题。

⑦将课堂上学到的知识和技巧运用到日常生活中，并在学校的留言板上分享解决方案。

⑧将自己的发现和学习成果向小组和全班同学进行口头报告。

⑨通过实践将所学知识和技巧运用到生活中，体会学习的价值。

（二）内外结合法

内外结合法是以行为目标为导向的，适合具体知识点和技能的教学目标设计，有助于教师更清晰地理解和阐述教学任务，有利于教师有效地管理教学过程，有利于学生达成高级认知目标和情感目标，有利于培养学生的高级思维能力和综合能力。在内外结合法中，表现性目标显示出其独特的优势。

表现性目标是美国课程学者艾斯纳（Eisner）提出的一种目标取向。这并不是设定学生在完成一项或多项任务后应达到的学术成果，而是明确学生需要完成的活动目标，目的是激发学生的创新能力。例如，学生进行关于资源浪费的社会研究；学生采访当地的老人以获取历史知识；学生模拟销售活动。这些目标并不是直接通过明确和具体的陈述传达给学生，而是通过提问或分配任务的方式向学生传达，引发他们的思考，引导他们进行更深层次的探索。内外结合法首先用描述学生内心世界的术语来明确学习目标，以此来展示学生在理解、应用、分析、欣赏和尊重等方面的内心变化。其次列举一些能够体现这些内心变化的行为模式，以便观察和测量学生的内心变化。例如，为了培养学生热爱班集体的态度，可以设计以下教学目标。

①热衷于参与班级组织的各类活动。

②赞同有益于班级发展的提议。

③支持遇到困难的学生。

④主动完成班级委员会分配的任务。

“热爱班级”的情感是无法直接衡量的，根据所列举的行为，如果学生展现出积极持久的态度，就表明他们已经建立了集体意识，否则就是没有达到教学目标。

（三）教学目标编写时应注意的问题

教学目标编写时需要注意以下几个方面。

①教学目标应明确。

②妥善处理课程标准要求与扩展性之间的关系。

③明确学习目标和教学目标，强调从学生的视角来解读教学目标。

④根据新的课程标准，注重综合运用能力和信息技能的培养。

⑤允许设定多个教学目标。

⑥尊重学习主题的内在结构特性。

第四节　教案设计

一、教案设计概述

（一）教案的含义

教案是教师在备课基础上，根据课程标准或教学大纲对教学过程的总体设计和具体组织安排。教案是教学思路的提纲性方案，是教师讲课与组织教学活动的主要依据，是教师实施教学的基础。一份教案设计完成后，可在备课教师的头脑中形成一个完整的授课方案。教案是教学设计方案的具体化与步骤化，通过教案设计使教学设计成为可具体执行的教学步骤。当然，教案是课堂教学过程实施的主体框架结构，难以穷尽课堂中教师所说的每句话、每个想法、每件事。在课堂教学实施的过程中，常常出现许多不确定的因素，教师需要依靠备课时的充分准备、平时的知识积累、实事求是的真诚态度来灵活组织教学。

教案需要简明、规范，教学目标合适、具体、可操作、可评估，重点、难点明确，教学过程清晰，作业选择有层次，时间安排合理。在共性的基础上，倡导教案形式多样，不拘一格，有教师的个人特点。

根据内容的详略，教案可分为详案、简案两种。详案即完整详细地编制出教案的每个构成要素，尤其需要设计编写出详细的教学目标与教学过程，把教学过程中的教学内容、教学步骤、教学方法详细地描写出来。简案与详案结构相同，但只写教学内容的要点、主要教学步骤和主要教学方法，对教学过程的具体内容不予展开。

（二）融合信息技术的教案设计

融合信息技术的教案设计遵循教案设计的基本规律。在教案设计中，教师需要密切关注教学系统的四个要素（教师、学生、教学内容、教学媒体）的地位和作用。重点考虑如何运用信息技术支持、优化教学活动，使教与学的效率最大化。

融合信息技术的教案设计包含以下两层含义。一是指应用信息化教学媒体与教学设施支持教学活动的设计。例如，运用多媒体素材对教学重点与难点部分进行形象直观的展示、阐述，揭示事物的本质；运用信息技术手段评价学生的学习成果等。二是指运用信息技术手段设计与编制的教案。例如，利用网络调查分析学生特征；利用文字编辑软件如 Word、WPS 等编写教案，利用绘图软件绘制板画、板书、教学流程图等。

（三）教案的构成要素

实际教学中，教案的表现形式多样，但符合规范的教案其结构整体上由教学概况、教学过程、板书板画设计、课后反思四部分构成。

其中，教学概况包括以下内容。

①教学课题。指教学章节或主题。

②授课时间。

③授课类型。

④教材分析。

⑤学生分析。

⑥教学目标。包含知识与技能、过程与方法、情感态度价值观三个维度。

⑦教学策略与方法选择。教学策略与教学方法须遵循“教学有法，教无定法”的原则。

⑧教学环境与媒体。又称教学手段，是师生相互传递信息的工具、媒体或设备。

⑨学时安排。指章节或主题单元授课所需的课时数。

⑩参考资料。含参考书、网络教学资源、文献等。

其中，教学媒体经历了口头语言、印刷教材、电子视听设备和多媒体网络五个阶段。通常，传统教学媒体是指以一本教科书、一支粉笔、一块黑板、几幅挂图的方式传递信息。信息化教学媒体是指将多媒体教学资源、计算机及网络、各种电化教育器材（如投影仪、录音机、录像机）作为直观教具应用于学科教学领域。

二、教案编制的原则与要求

（一）教案编制的原则

1. 科学规范

教案的科学规范包括三方面：一是做到观点正确、材料真实；二是符合教学实际，切实可行；三是做到书写规范、语言通顺、结构完整。

2. 理念先进

教案编制要充分考虑现代教育理念的引领，特别是在新课程改革的背景下，需要将建构主义、认知负荷、多媒体认知理论等现代先进教育理念应用到教案编写中。教案设计需要反映“教”与“学”的双边活动。

3. 简洁明确

教案内容要简洁明确，教学过程要条理清晰、重点突出、层次分明，清晰展示教学重点、教学难点、教学过程环节、教学知识内容，并形成完整的统一体。

4. 形式多样

教案设计要灵活多样，注重实效。一是不拘于形式上的统一，根据不同科目、不同内容采用不同的教案形式。二是不同层次的教师要求不同，对于年轻教师要求写详案，对于经验丰富的教师可写简案。三是教案设计因人、因时间而异，做到同课异构。同一项教学内容，同一时期不同教师设计的教案形式可不同；不同时期同一个教师设计的教案要不同。教案要包含必要的图、表、教学过程、板书设计、教学反思等元素。

（二）教案编制的要求

教案编制必须遵循两个依据：一是课程标准（教学大纲）；二是教材。同时，根据实际情况做好以下两方面的调整：一是根据学生的实际情况、教学环境、教师自身能力、科学技术的发展进行调整，考虑教育教学思想理念变化等因素的影响；二是不能完全依赖课程标准和教科书，需要二次开发教材，充分发挥教师的主观能动性，展示教师自身的特色。

教案编制根据不同的要求可以分为以下四个方面。

①按课时编制教案：即以一个教学单元或一次课（1～2 学时）为单位编制一份教案。

②同课异构：同一授课内容如果专业不同，则授课内容的侧重点不一样，依据专业的特性适当调整教学主题和焦点；同一课程内容如果其教学层次不同，那么讲授内容的深度和广度需要有所区别。

③多媒体教学资源的应用：考虑哪些教学内容需要多媒体、网络等信息技术的支持，哪些不需要；考虑使用何种媒体来表达信息最恰当；考虑使用时机。

④个性化的教案设计：编写教案时，不同教师不同课程的设计编写风格要有自己的特点，只求基本部分相同，不求完全相同。

三、电子教案

电子教案通过运用计算机技术，把教学活动的绝大部分内容储存在电脑里，然后通过投影仪或网络浏览来实施教学，或者让学生自学。

在当今的信息化教育环境中，电子教案的重要性不言而喻，主要表现在以下几个方面。

①方便对电子教案中的各类资源进行实时的更新和调整。

②有效地整合了各类教育资源，如文字、图像、动画、电影和音乐。

③方便学生在家中自主学习，如果将电子教案展示在网页上，可供学生查阅和其他教师参考。

④满足国家建设节约型社会的要求，能够节省大量纸张。

⑤减少教师的重复劳动，提升教师的备课和授课效率。

⑥降低教师在课堂上使用粉笔的数量，也能够降低粉笔灰对教师和学生身体健康的影响。

将计算机技术广泛应用于教学是在 Windows95 系统与 Office95 软件发布以后，利用计算机技术改进传统的教学方法。由于计算机技术的便捷性，文本文档和幻灯片逐步取代纸质教案，近些年逐渐出现的各种动画技术、视频技术也开始应用到教学当中。利用计算机技术的独特性，教师在编写教案时能轻松地把握教学内容的关键和难点，产生利用传统媒体无法达到的效果，从而提升教学效率。在真实的教学环境下，教师可以使用学校的投影教室播放图像、视频、音频、动画，并使用电子教案和幻灯片来进行讲解。

在进行电子教案设计时，教师要将教学内容分析、学生特征分析、学习目标、教学策略以及具体的教学过程通过相关的计算机技术整合在一起，条理清晰地进行展现，然后充分利用学校的硬件设施开展信息化教学活动。下课之后，教师还可以将电子教案上传，使学生在课后进行自主学习，突破时空壁垒，提高学生学习效率。

第五节　教学策略分析

从 20 世纪 90 年代开始，随着信息技术的快速发展，教学理念的转变、教学模式的创新和教学策略的发展都变得更加快速且趋于多元化。近年来，“以学生为中心”的教育教学理念得到广泛认可和推崇，相应的教学模式和教学策略（如翻转课堂、研究学习、自主学习、协作学习等）被很多一线教师积极探索和实践。与此同时，另一部分教师仍愿意坚持“以教师为中心，以课堂为中心，以课本为中心”的教学理念，认为传统教学的很多教学策略和方法（如讲解—接受、示范—模仿、练习—反馈）同样能够有效达成教学目标。其实，这种脱离具体教学情境的比较（如“现代教学模式”与“传统教学模式”的比较，或者“以学为中心”与“以教为中心”的比较）并没有太大意义，教学活动是一个受多种因素影响的复杂过程，教学设计的任务是依据具体情况选择最合适的教学策略，教学策略的选择有优劣之较，而没有对错之分。

一、依据教学内容特点选择教学策略

教学策略选择的一个重要依据是教学内容的类型和特点。著名教学设计专家梅里尔（Merri）在《首要教学原理》一书中明确指出：“有一些基础性教学策略，主要是由学习内容的类型来决定的，而不是取决于学习风格或者教学形式。”①

关于知识的分类有多种不同的划分方法，在《学习、教学和评估的分类学》一书中把知识分为事实性知识、概念性知识、程序性知识和元认知知识四大类。②事实性知识是学生在掌握某一领域知识或解决问题时必须理解的基本元素，它涉及“是什么”的问题；概念性知识用来阐述一个整体结构中各个基本元素之间的联系，它涉及“为什么”的问题；程序性知识涉及“如何进行”的问题；元认知知识涉及“如何理解”的问题。每一种知识类型还可以进一步划分为十一个亚类。

不同类型的教学内容应使用不同类型的教学策略和方法（见表 2–5–1），教师只有对自己所教授知识的性质和类型有清晰的认识和理解，才能结合教学目标定位选择最合适的教学策略。对于事实性知识，教学目标一般定位在“记忆”层面，可以使用讲授法、演示法等传统教学方法呈现教学内容，促进学生对事实的记忆，帮助学生形成合理的知识结构。对于相对简单的事实性知识也可以采用自主学习的方式进行记忆。概念性知识需要学生理解要素之间的关系、结构，事物的原理等，教学目标起码定位在“理解”层面，教师可以采用先行组织者策略通过讲解和演示促使学生学习，也可以采用问题引导、任务驱动等策略组织学生开展探究性学习。程序性知识涉及事物处理的操作过程和方法，教学目标一般定位在“应用”层面，教学策略大多采用示范—模仿、练习—反馈的方式促进学生对知识和技能的掌握。元认知知识涉及学生对认知过程进行自我监控、自我调节的方法和能力，属于一种“对内”的知识和技能。相对于前三种客观性知识，元认知知识是带有很强的个性化特征的主观体验，学生主要通过自我觉察、自我反思、自我总结、自我反馈获得这种体验，教师起到指导、督促、评价的作用。

① 梅里尔．首要教学原理[M]．福州：福建教育出版社，2016．

② 安德森．学习、教学和评估的分类学[M]．上海：华东师范大学出版社，2007．

表 2—5—1　知识类型与教学策略

知识类型	内容特点	教学策略
事实性知识	基本的知识要素， 关于“是什么”	接受学习，自主学习； 讲授法，演示法
概念性知识	要素之间的关系， 关于“为什么”	接受学习，探究性学习； 讲授法，演示法，讨论法，实验法
程序性知识	思维或操作的过程， 关于“如何进行”	示范—模仿，练习—反馈，协作学习； 讲授法，演示法，练习法
元认知知识	自我认知的过程与方法， 关于“如何理解”	促进学生自我觉察、反思、总结与反馈

二、结合学习阶段选择教学策略

教学是一个受多因素影响的复杂过程，除了教学目标定位和教学内容类型，教师还应当结合学习的过程合理选择教学策略。在“三阶段、三要素”信息化教学设计模式中，学习的过程大致可以分为知识获取、知识内化、知识应用三个阶段（见表 2—5—2）。

表 2—5—2　学习阶段与教学策略

学习阶段	过程特点	教学策略	
知识获取 （输入）	学生注意、选择、吸收新知识	激发动机， 提供刺激	（以教为主） 呈现信息，讲解新知识
			（以学为主） 查找资源，自主学习
知识内化 （处理）	学生利用原有认知结构理解新知识、形成新技能	新旧联系， 促进内化	（以教为主） 先行组织者策略， 促进有意义的学习
			（以学为主） 主题探究，问题研讨， 交流协作，发现学习
知识应用 （输出）	学生应用所学知识解决问题，能力迁移，创新创造	练习反馈， 迁移创新	（良构知识） 重复练习，反馈强化
			（非良构知识） 作品设计、创作、展示，发展性评价

学习的第一个阶段是知识获取，即教学信息的输入阶段。在这个阶段学生通过不同途径、不同方式、不同感官接触到新信息、新知识、新技能，知识获取是学习的关键环节。教师在这个环节的主要任务是激发学生的学习动机，有效吸引并维持学生的注意力，让学生对学习内容产生兴趣并进一步激发其学习动机，产生学习行为。在这个阶段的教学过程中，教师可以根据教学内容的特性和学生的个性化需求，采取“以教为主”或“以学为主”的多元化教学方法。“以教为主”的教学方法主要关注多媒体资源的展示、情境的构建、教师讲解内容的设计，通过生动的解说和演示吸引学生的注意力，从而提高学生对信息的吸收能力；而“以学为主”的教学方法则需要教师创造适宜的自主学习环境，包括设计适当的问题、分配合适的任务、提供必要的学习设备和资源等。学生通过独立搜索资源以及互动和协作来获取信息和知识。

学习的第二个阶段是知识内化。学生利用原有的认知结构理解、消化、吸收新的知识，扩充、调整、重组自己的认知结构，逐渐产生并形成新的技能。这个过程需要学生积极主动的参与，无论是行为参与还是情感参与都有利于内化过程的顺利进行。教学策略实施的关键在于帮助学生找到新旧知识的联系点，促进学生有意义的学习。这个阶段同样可以选择两种不同的教学策略：“以教为主”的策略采用“接受学习”的方法，通过合理的组织引导学生运用之前学习的知识来阐述、融合和连接当前的学习内容，以此帮助学生构建“认知地图”，进而实现知识的吸收；“以学为主”的策略则采用“发现学习”的方法，教师为学生提供探索性学习的环境，学生通过问题讨论、主题研究、交流合作等途径得出结果并获取知识。两种教学策略都有助于学生吸收知识，具体选择哪一种策略，取决于教师对学生的学习能力和教学环境的全面评估。

在学习的第三个阶段，知识运用是必不可少的。学生需要通过不断的实践来加强对所学知识的理解，并利用这些知识和技能来解决实际问题，从而推动能力的转变，甚至达到更高层次的创新和创造。这个阶段的教学重点是促进学习产出。学习产出不但能够帮助学生巩固所学知识和能力，其质量还是评价教学效果的重要依据。在这个阶段，教学策略的选择应根据学习内容的特性（知识种类）来决定。对于知识结构完善的内容（如概念、公式、原理、操作步骤等），适合使用反复练习并及时反馈的教学方法来加强知识和技能的巩固；对于非良构知识（如文学类、艺术类、设计类等学科内容）适合采用开放式的教学评价，可以采用作品设计创作、公开展示交流、开展多元评价等方式促进学生对知识的应用和创新。

三、基于翻转课堂的教学策略分析

（一）更新教学理念

为了增强高校教育的效果，教师在实际的教学过程中，除了要遵循国家政策指引、加强信息化建设、合理规划教学内容，还需要对传统的教育观念进行更新和改良，深刻认识到传统教育观念在信息化教学中的缺点，理解翻转课堂的优点和功能，并通过持续的学习和深入研究，改变思维方式，跟随时代的脚步，改变传统的教育观念，吸纳先进的教育观念，增加对高校信息化教学的关注。激发学生的积极性和创新思维，采用全新的教育观念来引领高校的信息化教学建设，规划并实施翻转课堂教学，使得信息化教学与翻转课堂能够有效融合，从而提升高校的教学品质。

（二）构建完善的信息化平台

高校应该更加重视信息化平台的建设，通过这个平台实现知识的在线传播和分享，使得学生能够在任何时间和地点通过平台获取知识、解答疑问、扩大自己的视野、提高学习效率。利用这个平台，学生可以随时查找他们喜欢的教师的教学视频并进行观看，结合自己的学习成果提出问题，进行讨论。信息化平台能够打破时间和空间的限制，帮助学生更深入地理解和掌握知识，增加他们的知识储备。信息化平台能够帮助学生提升自主学习的能力，激发他们的学习热情。

（三）提高教师的信息化技术水平

为了实现翻转课堂与信息化教学的融合，教师不仅需要掌握翻转课堂的教学模式和关键点，还需要精通信息技术，以便为教学活动提供更多支持，这样才能确保两者的有效结合。在教学过程中，教师需要严格遵循信息化教学的建设标准，对自己有严格的要求，不断提升自己的专业技能和职业素质，对翻转课堂与信息化教学的结合要求进行深入的分析和理解，合理安排教学内容，最终推动教学目标的实现。

教师的专业培训活动应由高校提供，以此来提升他们的信息化技术水平，并通过考核来确保教学质量和效率。高校可以根据教师的实际需求，科学地规划和处理教学工作，以便更好地发挥教师的能力，提高教学质量。总的来说，定期对教师进行信息化应用技能的训练，不仅可以增强他们的实践技能，也能让他们认识到自身的不足，从而培养他们谦逊好学的态度，为他们未来的职业成长提供方向。

（四）科学运用多媒体技术

教育行业中，多媒体技术是信息化技术应用的关键工具，同时也是提升教学效果的重要辅助工具。在使用多媒体技术的过程中，需要重视信息化技术的有效整合，确保技术与知识的科学连接，这样才能充分利用多媒体技术的优势，改善教学效果。换句话说，在将翻转课堂与高校信息化教学结合的过程中，教师需要重视学习和运用多媒体技术，并将其作为连接翻转课堂与高校信息化教学的工具，以满足高校信息化教学建设的需求。

然而在现阶段，多媒体技术的应用还存在一些问题，这些问题直接影响了翻转课堂与信息化教学的整合。为了解决这些问题，高校需要加强研究，找出问题的根源并进行解决，在此基础上对整合方式进行优化和调整，以推动两者的高效整合，从而发挥两者的优势，实现教学目标。

（五）科学构建信息化课堂，增强教学有效性

为了推动翻转课堂与高校信息化教学的融合，教师首先需要对教学的标准和实际需求进行深入的分析和理解。其次根据这些需求建立信息化教学网络，完善教学内容，提高教学质量。目前，翻转课堂和信息化教学都是相对新颖的教学模式，尽管它们有很多相似之处，但在融合过程中仍然存在一些问题需要解决，再加上高校在网络建设方面还不够完善和健全，这导致了两者的融合出现了许多的阻碍和限制。

因此，教师要根据自身的实际情况进行调整和改进，采用多样化的教学方法来设定目标，重视整体的科学性和有效性，提高融合的水平，增强教学的效果。同时，在翻转课堂与信息化教学融合的过程中，教师需要找出它们之间的联系，参照教学需求进行深度的分析和思考，以完善课堂内容。

第六节　教学评价设计

一、教学评价的基本概念与特征

（一）基本概念

评价是评价者基于对事物的质量和数量的描述进行的价值判断。评价的核心在于价值判断。评价是指评价者根据评价标准对评估对象的各个方面进行量化和非量化的测量，最后得出可信且逻辑合理的结论。

教学评价是基于教学目标，遵循科学准则，利用所有有效的技术工具来衡量教学过程和结果，并进行价值评价的过程，为教学决策提供服务。教学评价涵盖了对教学过程中的教师、学生、教学内容、教学方法、教学环境、教学管理等各个因素的评价，主要是对学生的学习成果和教师的教学工作过程的评价。教学评价主要包括两个方面：一是对教师的教学活动进行评价，也就是对教师的教学过程（如教学设计、组织、执行等）进行评价，包括课上和课外的评价；二是对学生的学习成果进行评价，也就是考试、测验、过程性评价等。

（二）基本特征

1．评价目标的发展性

评价目标的发展性是指教学评价标准确定了学生与教师努力的目标，促进和激励学生与教师实现评价标准所要求的各项指标，评价目标是学生与教师发展的方向。因此，教师对学生的评价应在保护学生自尊心与自信心的前提下进行，关注学生个体的处境和需要，制定正确的评价标准，注重评价的发展性。在教学评价过程中，教师应该更多地使用积极的评价方式（如鼓励和鞭策），而尽可能减少使用简单、生硬、粗鲁和结论性的评价方式。对于优秀的学生，教师除了给予激励，更应该协助他们发现自身的不足，客观地理解自己。对于学习成绩和表现欠佳的学生，评价应当谨慎，教师需要以真诚和信任的心态协助他们寻找、分析问题的根源，并提出实际可行的策略以及通过努力学习能够实现的目标。

2．评价方式的多样性

评价方式的多样性是指教师在教学评价过程中，采用多种评价方式来评价学习过程。教学评价不限于某种形式，可采取量化评分或定性评价等方式，如教学评价中教师可使用评价表、语言等评价学生的学习成果，还可以使用某种动作（如鼓掌、点头、拍拍学生肩膀等）或表情（凝视、皱眉、沉默等）来评价学生的学习成果。促进学生发展的评价体系需要多元、综合的评价内容和标准，与此相应的评价方式也应多样化。

3. 评价主体的多元性

评价主体的多元性是指评价主体由多种类型的个体组成，打破单独由教师评价学生的局面。评价主体的多元性鼓励学生本人、同学、家长、班主任等参与到教学评价中，将评价变为多主体共同参与的活动。多元教学评价不仅将教师和学生作为评价的主体参与评价，同时也利用网络的优势将学生的作品发布出去，让网友作为评价主体参与评价，为学生作品提供建设性的指导意见。多元教学评价中，教师引领要得法，巧妙引导学生学会评价他人，同时保护他人的自尊心。

4. 评价内容的多维性

评价内容的多维性是指在教学评价中评价主体从多种角度、运用多种方法对教学过程和结果进行评价。评价中既注重对学生所学知识的评价，又注重评价过程对学生基本技能提高、创新能力培养的激励作用。评价内容包括知识、技能、思维、创新能力、协作能力、评价能力等多个维度，采用基本概念测试、基本技能测试、作品创作能力测试、综合应用能力测试等多种评价手段。

二、教学评价功能与原则

（一）教学评价功能

1. 导向功能

教育政策和课程设计所确定的学校教育目标，以及各科教学大纲所设定的教学目标、任务和内容，构成了教学评价的基本准则。教学评价是通过教师的教导和学生的学习来具体实施的，在评价过程中，将教师和学生的行为拆分为若干部分，并设定评价标准。依据这些标准来评估教师和学生的行为是否偏离了正确的教学路径，是否全面达成了各个科目教学大纲所设定的教学目标。教学评价有利于各级各类学校端正教学指导思想和办学方向。

2. 诊断功能

通过对教学流程和成果的评价，能够掌握教学的各个方面，判断其质量、水平、效果和不足。全面且公正的评价不仅能够估算学生的成绩在多大程度上达到了教学目标，还能解释学生成绩不理想的原因。一方面，通过教学评价，可以掌握教师的教学成果、优势、不足和问题，从而对教师的教学能力进行评估。教学评价有助于学校和教育管理者决定教师的招聘和晋升，并在了解教师情况后，安排教师的进修或业务培训。另一方面，教学评价能够区分学生知识掌握和能力发展的水平，从而划分等级，为升级、选课、指导学生职业发展提供依据，为选拔、分配、使用人才提供参考。同时，教学评价结果也是向家长、社会以及相关机构报告和解释学生学习情况的基础。

3. 激励功能

评价对教师和学生起到激励作用。通过评价，可以看到教师的教学成果和学生的学习表现。在一定的范围内，频繁地进行记录成绩的测试能够激发学生的学习动力。

4. 调控功能

评价所提供的信息能让教师了解自己的教学进度，这样他们就可以根据反馈信息来调整教学计划，改变教学行为，从而更有效地达成预定的目标。

5. 教学功能

评价其实也是一种教育行为，在此过程中，学生的能力会有所提升，同时他们的智力和道德水平也会提高。评价的教学功能主要体现在以下三个方面。

①推动学生全方位的素质提升。在教学评价过程中，通过充分利用评价的教学功能，将评价从仅仅检查学生对知识和技能的掌握程度，转变为运用多种手段全面评价学生在情绪、态度、价值观、知识、技能、创新意识和实践能力等方面的变化和进步；从仅仅通过考试来评价学生某个阶段的学习状况，转变为运用多种方法进行过程性评价，及时识别学生在学习过程中遇到的困难，并立即给予反馈和纠正。

②推动教师教学能力的持续进步。在教学评价过程中，教师需要对自己的教学行为进行深入的分析和反思，构建一个以教师自我评价为主导，教师和学生共同参与的评价体系，让教师能够从多种途径获取信息，优化教学方式，提升教学质量。

③推动课程持续优化。科技的持续进步使得教学方法和内容不断刷新，通过定期对课程传授过程中出现的问题进行分析和评价，调整课程内容，改善教学管理，并引入新的信息技术设备，建立起课程持续更新和优化的机制，有效地推动课程持续优化。

（二）教学评价原则

开展教学评价需要遵循客观性原则、整体性原则、指导性原则以及科学性原则。

1．客观性原则

在进行教学评价时，客观性原则要求从评价准则和方式到评价者的态度，尤其是最后的评价结果，都必须与客观事实相符，不能有任何主观的推测或者掺杂个人的情绪。

2．整体性原则

整体性原则主张在评价过程中，要从多个视角、全面考虑所有构成教育活动的元素，防止片面推断、一刀切的情况发生。由于教育系统的复杂性和教育任务的多元性，导致教育品质可以从各个角度展示，呈现为一个由众多元素构成的综合体。所以，为了准确地评价教学成果，需要将定性和定量的评价方法结合在一起，从而能够全方位地评价被评价对象的实际表现，同时，需要明确主次，区分轻重，并且要找出影响教学质量的关键因素。

3．指导性原则

指导性原则是指在进行教育评价时将评价和指导相结合，对评价结果进行深入分析，从各种角度寻找因果关系，确定问题产生的原因，并通过及时、详细、启发性的信息反馈，使被评价对象明确未来的努力方向。

4．科学性原则

科学性原则是指在进行教学评价时，从教育和学习的一致性出发，以教育目标体系为基础，确定合理且统一的评价标准，严谨地制定、预测和修改评价工具，在此基础上，运用先进的测量工具和统计方法，根据科学的评价流程和方式，对获取的各类数据进行严格处理。应当避免依赖经验和直觉做出主观判断，这是科学性原则的要求。

三、高校信息化课堂的教学评价设计

（一）从学生的角度

1．建立以学生为中心的课堂教学评价

利用信息化教学方法可以极大地激发学生的积极性，通过开放的指导手段鼓励学生进行思维的扩展和自由发挥。将传统的知识灌输转变为学生主动的学习和探索，结合新时代的信息化课堂教学，为了更好地满足学生和教学环境的发展需求，应当关注以下几个方面。

（1）学生主体的发挥空间

学生的参与度和参与时间是衡量教学成效的关键因素，也就是说，学生能够最大化地利用教学时间，从而实现学习和探索的目标。

（2）学生的思路情况

学生能否抓住教师提出的关键问题并进行有意义的思考和尝试，是教学成效的决定性因素，教师需要观察学生在预设范围内的思路情况以及阐述的观点。

（3）学生的兴趣态度

教师需要观察课题是否能够引发学生的兴趣，以及他们在课堂参与过程中的表现。参与小组和全班的活动能够激发学生的学习兴趣，能够在互帮互助、交流合作的环境中增强学生的学习效果，同时也能增强学生的集体荣誉感。

（4）学生的探索结果

教学评价的关键因素在于学生的探索成果，学生在学习过程中应该利用已有的知识和生活经验寻找新的知识，改变传统的学习方式，这样可以培养他们的探究能力。

（5）学生的思维发散和创新能力

思维发散能力能够拓展学生思维的广度，引发学生的学习热情，并促使学生通过教师的激励和同学的认同进行自我评估。创新是学生学习过程中必须具备的思维技巧，学生要有勇气打破既定的框架，去尝试新颖的课题。

2.建立动态的课堂教学评价体系

利用计算机技术的信息化教学方式能够对学生进行持续监控和跟踪，通过每次教学评估的数据分析形成一段时间内的总体教学评价。这种方式能对学生的性格和情绪进行基础评估，为他们未来的个人发展提供研究资料。这并非一蹴而就的任务，因此，信息化的评价方法更有助于监测和研究学生的成长，也符合当下的教学理念，从动态成长的视角对学生进行评价。

（1）完善学生成长记录

在一个学期或一段时间内评估学生在学习过程中的成果和进步，学生的学习态度、探索技能、解决问题的策略等抽象的特质需要进行阶段性的评估。

（2）记录学生的学习、实践技能

学生的学习和实践技能各不相同，面对同一问题，解决方式和手段各异。因此，不能仅凭资质就断定学生的学习能力。动态的学习记录可以揭示学生的优点和缺点，有助于教师制订个性化的发展计划，防止统一标准对学生学习积极性的不良影响。

（二）从教师的角度

1．课堂教学评价离不开教师的主导作用

在信息化课堂里，教师应采用探索性的教学方法，目的是激发学生的学习能力。这种方式能在活跃的课堂环境中最大限度地发挥学生的能动性，避免因为严格的纪律要求导致课堂缺乏活力。在具体的教学过程中，引导学生进行思维的拓展，通过轻松的学习方式达到学习效果，这些都离不开教师的主导作用，具体内容如下。

（1）课堂自主学习环境

教师应当主导整体学习环境，利用多媒体等信息化教学工具和相应的教学方法引领学生进行探索式学习。信息化的教学方式可以通过录像回放等手段捕捉学生的学习特性，并能够根据实际情况进行总结并提升教学效果。

（2）层次化的问题设计

教师需要采用问题驱动的方法，引领学生步入研究的场景。在设计问题时，教师应根据学生的积极性和实际技能的数据分析构建层次化的问题。相关的问题需要与教学活动紧密结合，以防止由于问题的割裂而导致课堂的混乱。

（3）教学过程的统筹

课堂教学评价的一个重要方面是衡量教师在课堂上的指导能力，教师通过有组织的教学过程达到教学目标，最大限度地激发学生的积极性，通过教师科学的指导，让学生在得到锻炼的同时获得自信。

2．建立多层面评价体系

在采用信息化教学的探索型教育模式中，一节课无法涵盖所有领域并在每一个环节都做到完美无缺。在评价教师的教学效果时，不能过分苛责，否则会限制教师在教学过程中的创新思维。此外，探索型教育模式要求教师依据教学内容的独特性、自身的真实状态、学生的水平等因素来设计教学过程，进行创新性教学。因此，应该根据学科的特性、学生的水平、教师的教龄来设立多元的评价标准，构建多层面的评价体系。

3．实施发展性课堂教学评价

以可持续发展理论为基础，发展性课堂教学评价旨在推动教师的成长，全方位提升教学水平和质量。它强调对教师的尊重和信任，并融入了对教师的人文关怀。从教师发展的角度来看，体现在以下几个方面。

（1）课堂教学评价要体现人文精神和民主协商精神

课堂教学评价应该专注于理解教师的教学方法，使得评价过程充满人性关怀和理解；应该对教师在教学过程中的优点给予充分的肯定，以此激励教师；同时，也应该公正地指出教师在教学过程中的缺点，并与教师进行民主协商，以促进教师的发展。

（2）倡导评价主体的多元化

教师主动反思自己的教学行为，对于他们的专业成长大有裨益。为了让教师能够多元化地获取信息，并有效地调整自己的教学方式，可以构建一个以教师自我评估为核心，校长、专家、学生和家长共同参与的评价机制，以帮助教师在反思过程中持续进步。

（3）倡导评价结果的科学反馈

对于评价的结果，应该提供具有针对性的详细改进建议，并以科学、适当和富有建设性的方式反馈给被评估的教师，以帮助教师建立更客观、全面的自我认知，推动其专业的进一步发展。

（4）建立教师发展档案

将教学活动的策划、教师的教学成就、课堂教学的视频、教学实例的剖析、教学的反思、教学的周记以及多方面的评价等相关信息整合，构建教师的职业发展档案。对教师的专业素养、教学技巧和教育研究能力等方面用发展的视角进行评估。

第三章　信息化环境下高校教师教学能力的发展

本章为信息化环境下高校教师教学能力的发展，主要针对信息化环境下的教师发展理念、信息化环境下教师教学能力的转型、信息化环境下教师教学能力的重构以及信息化环境下教师教学能力的发展策略四个方面进行了阐述。

第一节　信息化环境下的教师发展理念

社会经济、政治与文化的快速发展促进了学习型社会的逐渐形成。加快培养适应信息时代的高素质教师是教育事业优先发展的基础。教育部《教师教育振兴行动计划（2018—2022年）》指导思想指出，推进教师教育创新、协调、绿色、开放、共享发展，从源头上加强教师队伍建设，着力培养、造就党和人民满意的、师德高尚、业务精湛、结构合理、充满活力的教师队伍。

教育信息化给教育发展带来了空前的机遇，也使广大教育工作者面临着前所未有的严峻挑战。进入智能化时代，新兴信息技术在教师专业发展中的作用越来越显著，教师队伍建设是促进信息化发展的关键所在，应时刻关注教师综合素质与能力的提升，研究教师发展的新态势，重构教师专业发展的新模式，探索教师教育的新途径。

一、教师发展与教师专业发展

在过去的很长一段时间里，无论是在国内还是国外，对于在职教师的培训一直采用“教师培训”（teacher training）的方式，也就是说，将接受培训的教师视为训练的目标或者受训者，进行传授和辅导的实践训练，并以培训的示范作为参考。显然，这种方式将接受训练的人置于被动的位置。实际上，这就是“师傅带徒弟”的模式。这种传统模式的特点是以学科知识为核心、以学校课堂为焦点、以学校教师为主导。这种教育方式的主要问题在于过分强调学历，而忽视了学力；过分看重道德，而忽视了教师的品质；过分看重知识，而忽视了能力；过分注重讲解，而忽视了反思；过分看重形式的一致性，而忽视了形式的多样性。这导致了培训教师觉得课程难上，因此感到焦虑不安；受训的教师则抱怨理论与实际脱节，学习无益；学校领导则声称这会干扰学校的正常教学工作；尽管教育行政部门通过行政手段要求教师参与培训，但对于培训效果未能达到预期的现状，他们并未采取有效措施。简而言之，这种培训方法对于提升教师的全面素质和智力发展并不能起到实质性的作用。

后来，教师培训采用了"教师教育"的方法。这一方法不只是教授教师如何进行教学，还设置了一系列与教学有关的理论课程，旨在提升教师的理论修养，拓宽他们的思考范围，希望教师能主动地将所学的理论应用于指导和优化自己的教学。尽管如此，这种将已有的知识灌输给教师的教育方法也很难推动教师的职业成长。原因在于，建构主义理论揭示了知识是由个体建立的，而非他人传递的，真正有效的教育建立在受教育者主动理解的基础上。另外，教师个人获取教育实践经验的方式是个人对复杂教学过程的理解和处理，仅依赖被动的理论学习是难以达到效果的。简而言之，"教师教育"的方法并未赋予教师主导地位，只是教授的内容比其他教师培训方式更为广泛。

鉴于前述理论认知，并且考虑到终身学习的需求，"教师发展"(teacher development)这一理念被提出。它主张在终身教育的背景下，教师应该自我发展。除了在传统的教师教育中充分体现教师的主导地位，还能协助教师反思自己的教学方式，观察自己的课堂行为，评估自己的教学成果，进行教学行动研究，并在教学实践中验证他人的理论，进而提升自身对教育的理解，通过反思性的教学实践来持续进步。简而言之，教师的教育应该从传授方式转变为反思方式。

在教师发展过程中，教师的专业性和职业性被强化。教师发展是一种学习，即学习新的工作方式，学习如何自我提升，在实践中应用新知识的过程。教师发展的前提是对自己工作境况的不满足，力求找到补救的策略且采取补救行动，虽然有些行动是未经计划和无意识的，但是必然存在着一些共性的过程和阶段，而其核心是教师专业发展。

教师专业发展即从非专业人员发展成为专业人员，个体专业性提高、专业问题不断被解决的终身学习过程；是一个教师的职业理想、职业道德、职业情感、社会责任感不断成熟、不断提升、不断创新的过程。从个体的角度看，教师专业发展可被定义为通过系统的努力来改变教师的专业实践信念，以及对学校和学生的理解；从群体的角度看，教师专业发展是指教师这个职业群体符合专业标准的程度，即职业专业化过程。

二、信息化环境下教师专业发展

教师专业发展的研究近年来取得较大突破，研究的重点集中在教师专业发展的理念、影响因素、发展阶段、评价标准、发展模式与策略等方面。在教师专业化的大背景下，自 20 世纪八九十年代以来，将教师信念、教师能力作为教师发展基础的研究层出不穷，因此形成了不同的信念理论和能力结构理论。

（一）教师信念

学术界对于“信念”这一复杂概念尚未有统一的界定和明晰的理论框架。在心理学的视角下，信仰（belief）可以被解读为个体对于与自然和社会相关的某些理论立场的坚定的信念。这是人类理解世界并改变世界的精神基石，也是所有行动的驱动力。信念构建了个体的世界观、人生观、价值观以及道德观。信念的确立或动摇乃至瓦解决定着个体成长与发展的方向、速度与结果，抑或导致个体的精神崩溃与行为退化。

我国的《教育大辞典》把“教育信念”界定为教育者坚定信奉的教育观念或主张。教师教育信念研究有利于发现如何提高教师的自觉性，使教师有意识地分析和反思自己的教学行为，做出有利于学生的决策。

通过对职前教师群体信念结构的探究，发现信念系统与知识系统不同，不需要信念的有效性与适切性达成一般的或群体性的共识，个体的信念甚至不必与其信念系统在内部保持一致。在教师个体做决策时，信念比知识更具有影响力。

国外学者对于教师信念的分类体现了对教师教育研究的不同侧重，包括学生、学习及教师自身；我国学者谢翌认为，教师的教育信念主要包括关于学校愿景的信念、关于学校教育活动（如课程、教学、德育、科研、评价、管理等方面）的信念、关于教师自我的信念、关于学生的信念、关于社会和家庭角色的信念、关于学校未来发展的信念等。[①] 其中，教师自我的信念包括教师的身份认同和教师的自我效能感。

1. 教师的身份认同

教师的身份认同是一个非常复杂的问题。目前看来，这个领域缺乏相关的具

① 谢翌．教师信念：学校教育中的“幽灵”[D]．长春：东北师范大学，2006.

有经验支撑的理论模型。而美国知名学者詹姆斯·保罗·吉（James Paul Gee）所提出的身份理论为深入研究教师身份认同的问题提供了有力的分析工具。他认为，所谓的“身份”就是个体在特定的情境下所表现出来的行为方式等被他人识别、承认，成为某种特定的人，从这一角度来讲，不同的个体在不同情境下的身份会有所不同。据此，他提出一种用来分析身份的模型，这种模型包含四种看待身份的视角，从而更好地帮助人们理解“某种特定的人”的含义。这四种视角分别是：自然身份（nature identity）、制度身份（institutional identity）、话语身份（discourse identity）、亲和身份（affinity identity）。任何身份都可以从这四种视角进行分析，这四种视角下的身份虽有所区别，但并不是完全相互独立的，有着密切的联系。

其中，“自然身份”与教师个体息息相关，不同个体之间具有极大的差异性；“制度身份”由法律、传统习俗等权威的事物所决定，规定个体的权利及相应的职责；“话语身份”是一种与个体的个性品质有关的、被“理性他人”通过话语承认的身份，是个体通过自己的努力可以达到的，最终来源于“理性他人”的认可；“亲和身份”是一种由亲和团体成员的共同兴趣来维系的身份，通过实践中获得的经验来建立和维持团体成员之间的忠诚关系，同时，这些经验也能够使个体意识到自己是“某种人”，赋予了个体亲和身份。

教师身份认同是指教师通过与相同或不同群体的个体进行相互交往所获取的关于自我社会差异与身份识别的认知，以及由此形成的对该身份具有的地位角色、职责功能的主观感知、认可接受和付诸行动的程度，从根本上讲，是一个教师成为社会工作者与成为个体自我之间的选择、平衡与确证的问题。

在对身份认同的研究中，教师需要做深入的自我研究，将学校建设为专业学习社群，为教师专业身份的认同和建构发挥支持和促进作用。而在信息技术的环境下，虚拟社区可为教师专业身份认同的建构提供有力的物质与氛围支持。

2. 教师的自我效能感

在过去的几十年里，对于教师自我效能感的研究不断深入。教师的自我效能感是指教师对自己能够影响学生绩效的能力的信念。很多研究表明，教师自我效能感与教学效果范围、教师教学行为、学生动机、学生参与、学生成就、学生自我效能感、教师工作满意度、教师工作投入度、教师工作有效性存在正相关关系。

自我效能感是动态变化的，它源于个体内部因素、环境和行为的三元交互作用。随着信息技术在教育教学中的广泛应用，教师的信息技术应用能力也成为影响教师自我能效感的重要因素。教师只有接受信息技术并愿意使用，才能使信息技术发挥效能，而且，教师对技术的接受程度也受到特定的信息技术环境的影响。

（二）教师信息技术应用能力结构与标准

当前，我国教师面临不同于以往的挑战，尤其是在信息时代所形成的教育方式与偏好方面，教师的心理与技术准备不足。新一轮课程改革对教师的能力要求很高，教师需要具备信息技术应用能力与传统教育教学能力、科研能力、创新能力等，与教育知识共同成为教师专业发展的两翼。对于信息技术环境下教师的能力结构与标准需要重新审视。

从心理学角度来看，能力是结构复杂的各种心理品质的总和，教师能力结构因教师成长、工作的情境呈现较复杂的特性，制定能力标准是保障教师能力的一个有效且重要的手段。

21 世纪以来，世界各国纷纷出台了面向教师发展的教育信息技术标准，如美国教育技术协会发布的《面向教师的国家教育技术标准》、英国教育与就业部和教师培训署联合发布的《ICT 应用于学科教学的教师能力标准》及《21 世纪教师手册》、韩国教育人力资源部制定的《教师 ICT 应用能力标准》、澳大利亚教师专业标准、法国的教师计算机及网络证书制度和联合国教科文组织（UNESCO）颁布的教师技术整合能力培训标准。

2010 年，我国全国高等学校教育技术协作委员会发布《国家高校教师教育技术能力指南》，以提升高等院校教师的信息技术应用能力。随着信息技术的不断发展，我国教育部又于 2022 年发布了《教师数字素养》，以提升教师利用数字技术优化、创新和变革教育教学活动的意识、能力和责任。

三、信息化环境下教师专业发展面临的问题探究

（一）对于技术理性的思考

广义的技术是指人类在改造自然、改造社会和改造人本身的全部活动中所应用的一切手段和方法的总和，泛指一切有效用的手段和方法；狭义的技术是人类为了满足社会需要而依靠自然规律和自然界的物质、能量和信息，来创造、控制、应用和改进人工自然系统的手段和方法。技术体现了人类社会发展的复杂性。作为操作机制，技术经过人类反复的实践被证明是有效的，是人类社会发展的最重要的动力之一。

在教育专业术语中，技术与教师相关的术语包括作为教师专业领域的技术、作为专业研究对象的技术、作为教师专业存在的技术和作为教师专业取向的技术。

现代信息技术依靠多媒体的优势，在教育领域中展现了在信息处理方面的独特价值，也带来了教师与技术关系的重构。为改善教师发展的生存环境，提升教师的发展自觉性，教师的专业知识结构中技术知识的特点及其对其他类型知识的影响、教师对于技术与专业的信念、信息技术影响下的教师专业认同、信息技术支持下的教师专业发展途径等问题值得深入探究。

（二）信息化环境下的教师知识观

随着社会的发展，知识观的含义不断变化，传统知识观与新知识观在反映时代观念、本质、价值观及获得观方面有本质区别。

技术理性主义和反思实践主义是教师教育的两个流派。技术理性主义是一种客观且合理的行为，包括对各种事实的因果判断，主要表现在使用的工具（手段）以及流程的可计算性上，也被称作工具理性主义。在教师教育领域，这一概念是指教师的专业知识和技能的培养，以此提升教师的教学能力并进一步提高教育的品质。技术理性主义倡导以合适、标准且高效的方式，给未来的教育工作者提供所需的实用知识和技巧，帮助他们迅速提升为技术精通者。在信息化的教育和学习环境中，教师的知识积累不再像过去那样神秘、珍贵。学生利用智能科技在开放的学习环境中获取各类知识，传统的课程内容随着知识的拓展而改变了形态，教师的知识观应顺应这一趋势进行适度改变。

在技术理性主义的观点下，教师在个人发展过程中只是被动地接受教育课程，或者是参加提升教学实践技巧的培训，而没有积极地、主动地投入自己的专业中，这对于教师职业素质的塑造和提高是不利的。

反思实践主义主张，教师应该是一个主观能动的、持续吸收实践知识的问题解决者，并且强调在教育过程中培养教师的“反思性思维”，培养教师解决实际问题的能力，缓解教育研究与教育实践脱节的问题。

第二节　信息化环境下教师教学能力的转型

随着人类从工业社会步入信息社会，信息技术已经深入社会的各个层面，社会关系的规则也因此发生了巨大的变化，教育领域也不例外。社会信息系统构成了整个社会的神经网络，而计算机网络则是这个社会的神经中心。教学信息系统可以被视为整个教育过程的动力来源，而教师的教学能力则是推动这个系统健康发展的关键因素。

一、信息化环境下教师教学能力转型和教师角色期待

（一）教学能力转型

教师的教学能力是其专业成长的关键，在传统社会中，教师的教学能力不仅是教师职业的核心能力，也是维护教师权威的关键因素。在传统社会中，教师是教育信息的主要来源，因此，教师的教学能力也体现了他们的权威性。在信息化社会里，教育信息的来源已经变得异常丰富，传统的教师教学能力已经被互联网所瓦解，这对教师的信息化教学能力提出了挑战。教师的信息化教学能力是否能够在信息化社会中保持其专业地位呢？在信息化社会中，“程门立雪”的故事是否能够延续？教师没有其他选择，必须实现从传统教学能力到信息化教学能力的转变，并且实现这一转变已经迫在眉睫。

调查结果表明，在信息化的环境下，教师不应该过于保守地看待信息技术，也不应该毫无取舍地盲目追随和崇拜。信息技术是无法取代教师的职责的，并且对教师的技能有着更高的要求。为了保持教师的专业地位，教师需要积极面对信息科技带来的挑战，教师的角色也变得更加关键。通过对比传统教学能力和信息化教学能力，我们可以看到，在信息化社会中，教师的教学能力呈现以下显著的特征（见表 3–2–1）。

表 3–2–1　传统教学能力与信息化教学能力比较

传统教学能力	信息化教学能力
单一性能力作用	多元化能力作用
个体性能力作用	群体性能力作用
学校教学中形成能力	在社区、网络中形成能力
直接的、封闭的、面对面的能力发挥	间接的、开放的、在线的能力发挥
促进教师教学能力发展	促进学生学习能力发展

1. 由“单一性能力作用”向“多元化能力作用”转变

在传统社会里，教学信息的来源相对单一，教学能力的影响力是无可争议的。

然而，在信息化社会里，教学信息的来源已经多样化，形成了能力作用下的多元化格局。教师需要主动适应这种变化，向多元化教学信息来源的变化趋势提出挑战。教师的信息化教学能力可以作为教师专业发展的保障。

2. 由“个体性能力作用”向“群体性能力作用”转变

在传统社会里，教师的教学作用主要由他们所在班级和学校的教师来发挥。然而，教师的信息化教学作用可以由他们所在班级和学校的教师来发挥，也可以由其他班级或学校的教师来发挥，甚至可以由完全陌生的网络上的教师来发挥。

3. 能力的形成由学校教学向社区、网络扩散

教师的信息化教学能力将从学校扩展到社区，进一步扩展到网络虚拟环境，教师的信息化教学能力的影响力完全可以在网络环境中体现。

4. 由“直接性能力发挥”向“间接性能力发挥”转变

在传统社会里，教师的教学能力主要是直接的、封闭的和面对面的，然而，教师的信息化教学能力可以是直接的、面对面的，也可以是间接的、开放的和在线的。在信息化社会中，教师的教学能力能够有效地实现学习资源的公平分享，体现了教育机会的平等性。

5. 由“促进教师教学能力发展”向“促进学生学习能力发展”转变

在传统社会中，教师的教学能力提升主要是为了传授知识和技能。然而，在信息化社会中，教师的教学能力不仅需要得到提升，还需要为各类学生的信息化学习能力提供服务。这不只是表面上的改变，也是教师价值观的转变，教师的信息化教学能力提升是为了寻求推动教师教学能力提升和推动学生学习技能提升的平衡。

（二）教师角色期待

信息技术是影响未来教育的重要因素，信息技术给教育带来了新变化。由于信息技术的介入，教学中各要素之间的关系会相应地发生变化。教师要适应这种变化，就要实现自身角色的转变。有关信息时代教师角色的转变，国内许多学者从不同的研究角度提出了在信息时代教师角色转变的观点，本书梳理了其中一些具有代表性的观点，如表 3-2-2 所示。

表 3-2-2　国内不同学者关于信息时代教师角色转变的观点

研究者	信息时代教师的角色
霍力岩	学生自主学习的引导者；学生创造能力的培养者；学习方法的给予者；因材施教者①
宋广文	未来生活的设计者；知识体系的建构者；课程教材的研究者；人际关系的艺术家②
黄宇星	学习过程与资源的设计者和开发者；学习过程的引导者和促进者；合作学习的组织者和协作者；学习过程的监控和评估者；学生完美人格的塑造者；教学的研究者③
柯森	学习组织者和辅导者；教研员的角色；各种关系的协调者；参与学校管理事务的角色④

在信息化社会中，教师的角色不只是知识的传递者，教师也需要构建各种教学流程，开发信息化的学习资源和相应的评估工具。教师需要创造一个多元化、适应各类学生自我发展的信息化学习环境，以便对学生的学习成果进行有效且合理的评价，从而推动信息化社会中各种类型的学生学习能力的提升。在授课过程中，教师需要有条理地指导学生的学习，管理学习的步骤，能够与学生进行高效的信息化互动，并且能够根据各类学生的特点，提供多元化的过程性和概括性的评估标准。

在信息化的环境下，教师不只需要提升自己的教学效率，更应该推动各类学生信息技术学习能力的增强。教师需要支持和激励学生利用信息化工具进行以研究和解决问题为核心的学习活动，并且需要对学生的学习方式进行引导，以达到真正的个性化教育目的，全方位地提升各类学生的信息技术学习能力和创新思考能力。

在信息化社会中，教师需要具备在信息化环境下学习和工作的能力，这是从专业发展的视角来看的。教师不仅需要掌握教学技术的基础知识，还需要了解如何运用信息技术进行一般教学和学科教学。教师需要具备将新技术和知识应用到新的教学环境中的能力，并且能够利用信息技术与学生、家长等进行信息化的合作和交流。在信息化时代，教师的信息化协同教学技能将变得更为关键，通过同

① 霍力岩．教育的转型与教师角色的转换[J]. 教育研究，2001（03）：70—71

② 宋广文，苗洪霞．网络时代教师角色的转换[J]. 教育研究，2001（08）：40—44.

③ 黄宇星．信息技术环境下教师角色与能力结构分析[J]. 福建师范大学学报（哲学社会科学版），2003（06）：122—125.

④ 柯森．论信息时代教师角色的转变及师范教育的发展趋势[J]. 教育研究，1997（06）：74—76.

行间的信息化交流、对话和合作，塑造教师的集体信息化教学智慧。教师的信息化协同教学已经引起了许多国家和地区的关注。

在信息化的时代背景下，教师的角色已经不仅仅局限于传递教学信息，他们需要参与到各种教学信息的获取过程中，这些信息既包含了教师的知识，也包含了教学实践的经验。此外，教学信息还涵盖了各种媒体资源，特别是在新兴的信息科技环境下的学习资源。因此，教师需要扮演获取多样化教学信息的关键角色，成为这些信息的主导者和引导者。在信息化教学的实践中，教师不仅丰富了自身的知识体系，还提升了自身的能力素质。

二、信息化环境下教师教学能力从培训到发展的转型

在信息化社会中，世界各国依然把提高教师教学质量作为教师教育改革的重要内容。无论是联合国的《信息和传播技术教师能力标准》、美国的《面向教师的国家教育技术标准》、英国的《ICT 应用于学科教学的教师能力标准》，还是我国的《教育信息化十年发展规划（2011—2020 年）》《教育信息化“十三五”规划》，都充分体现出国内外研究者对信息化社会中教师教学能力的关注。

然而，目前关于教师信息化教学能力相关术语的界定并不统一。对于能力“训练”还是“培训”，其定义也存在差异。训练和培训是两个不同的概念，通常人们将职前教师的相关教学技能称为训练，而将在职教师参与的相关教学技能培养项目称为培训。实际上，教师的培养通常被视为培训的一部分，如教师资源的培育等。而项目培训则是培训的一种方式，通过这种方式获取知识和技能，可以提升教师的教学能力。然而，如果想要培养出教师的实践教学智慧，仅仅依赖培训显然是不够的。

针对教师教育培训范式和发展范式，从目的、假设、内容、本质、方式、过程等方面进行比较，总结出教师教育中培训范式和发展范式的不同（见表 3–2–3）。

表 3–2–3　培训范式和发展范式的不同

比较项目	培训范式	发展范式
目的	知识技能的获得	教学行为的改善
假设	获得知识、技能——教学行为改变	自主学习、教学实践、协作教学交流、教学智慧创造、发展教学行为

续表

比较项目	培训范式	发展范式
内容	结论性的知识为主	注重过程性经验知识、实践性知识的不同情景迁移以及最终的教学智慧创造
本质	模仿的、经验的、静止的	实践的、具体的、动态的
方式	讲授式为主，培训者处于支配地位	实践体验式、情景迁移式、协作交流式、自主发展式，以受训教师为主体
过程	面对面传授为主（在场式）	面对面、网络在线和自主学习（现场、网络相结合）

培训是指获取知识和技能、技巧的训练。这种培训通常在特定的时间和地点进行，时间安排通常是短暂的；培训内容标准化，知识和技能相对分散，重视获取结论性的公共知识；以培训者为核心，主要针对个人的专业知识能力进行培训；主要采用面对面的教学方式（现场教学），本质上是模仿的、经验的和静止的。

发展是指教师的全面教育行为的改善，更偏向于教师的教育实践反思、在新环境下的教育技能转变、教师的个人成长、教师之间的合作式教育交流以及教育智慧的创新等。发展是一个活跃的观念，是一个连续不断、不断变化的过程；发展拥有系统化整合的全面的内容结构，强调教育实践性知识的获取；以发展目标为核心，发展的方向可以是教师个人，也可以是其他人，教师团队也可以参与其中；主要通过面对面传授、网络在线学习和自主学习（现场、网络相结合）来实现发展，其核心是实际操作具体化和动态化。

教师的信息化教学技能应以各个时期的培训为基础，以发展为主导，不只注重知识和技能的传授，还要关注实践经验、教学协作能力以及信息化教学智慧的塑造和提升，以满足教师信息化教学技能的持续发展需求。

教师的信息化教学技能提升是通过对信息化教学知识和技能的学习、模仿以及实践应用来实现的。这个过程基于情感的驱动，从理论指导到实际教学，最后深化对理论的理解，在加强了理论学习的基础上，可以进一步将其与实际操作紧密相连，使得实际操作的体验和理论的学习得到了高度的融合，从而推动了教师在信息技术方面的不断创新，进而增强了他们的信息化教学技巧。也就是说，可以通过“实际操作—理论研究—再次实际操作”的螺旋上升式的发展模式强化教师的教学能力。教师在信息化教学中的能力提升需要有特定的信息化环境，教师与学生之间需要有一定的合作和对话交流。教师可以从培训中获取间接的经验，通过动态实践获取直接的经验，并在自主学习中培养教学意识。

三、信息化环境下教师教学行为的价值追求

在信息化时代，教师的职责需要从传递知识转变为激发学生的兴趣、培养学生的创新思维和实践技巧。这样的角色转变无疑需要教师拥有相应的智慧。在信息化时代，教师需要拥有知识创新的能力，而知识的创新使得教师拥有信息化教学智慧，这需要教师在信息化时代不断学习知识、技能，积累教学实践经验，并在合作教学和反思过程中持续提升自己的教育理念。

教师在处理信息化教育问题时要形成一种教学实践技巧，即信息化教学智慧。这种技巧深深植根于教师的信息化教育观念，并在各种教学场景中得以体现，贯穿整个教学过程。它是显性知识与隐性知识的结合，是信息化教育实践与观念的结合，也是在信息化社会中教师专业发展的基础，同时也是教师在进行信息化教育时的价值追求。

教师信息化教学技能的进步是一个不断提升的过程，同时也是逐渐形成信息化教学智慧的过程。随着教师信息化教学智慧的不断丰富，信息化教学技能和技巧也在逐步成熟，信息化教学行为变得更加灵活和自然，教师能够有效进行各种信息化环境下的教学活动，并能逐渐提升信息化教学水平，教师的信息化教学能力也逐步成熟。教师的信息化教学技巧可以在各种情境下进行创新应用，这就是信息化教学的智慧。利用信息化教学的创新方法，可以增强教师的教学能力和个人认同感，这将使得教师与学生在信息化教育环境下的关系变得更为协调，显示出信息化社会教师教育智慧的吸引力。具备丰富的信息化教育智慧，是信息化社会教师的成长理想，也是教师信息化教育技能进步的最终目标，是教师对优质教育生活的期待和必然选择，是教师精神世界的提升和自由享受。

教师获取信息化教学智慧的主要方式包括：首先，职前教师在“学习模仿期”的学习、模仿和体验，以及在知识技能学习过程中的实践，同时也涵盖了他们在专业实习期间的信息化教学实践智慧的积累；其次，在职教师在“迁移融合期”的教学实践中通过教学实践来积累，并通过这些积累来推动教学，以便将所学的知识、技巧与真实的教学环境相结合，这也涵盖了在职教师参与相关的教师培训时积累的信息化教育经验，以及在教师之间的信息化合作教学和对话交流过程中所获取的实践技巧等。

第三节　信息化环境下教师教学能力的重构

一、教育教学能力重构

在网络环境中，教育技术持续更新，教学方式也需要相应调整。教学方法的选择受到教师教育观念的影响。因此，教育信息化不仅是现代信息技术的运用问题，更是教育思想、教育观念、教育教学方法和模式的转变问题。教育部原副部长韦钰在全国多媒体网络系统应用现场会上强调，利用现代教育技术进行网络建设是教育信息化的首要步骤。更关键的是，教育信息化需要研究教育理念、模式和方法随之产生的变化。

在传统的教育过程中，教师是教育活动的核心，学生的知识是由他们传授的，“传授知识、教导技能”是教师的主要职责。然而，在信息化时代，学生从被动地接受知识转变为主动地获取知识，教师的角色已经不再是文化知识传播的媒介，教师的角色已经重新定义，教师是学生学习的引导者和协助者，教师通过激发学生的学习积极性和主动性，提升他们获取信息以及充分利用信息资源高效解决问题的能力。

网络信息的全球化特性使得学生能够在家中接受优秀教师的教育和指导，这种学习方式通常跨越时空。因此，在信息的海洋中，教师的定位不再是唯一的，学生可以从教师那里获取知识，甚至教师不了解的内容也可能被学生所掌握。在这样的情况下，教师的教育教学能力应从以下几个方面进行重构。

①课程整合能力。

②综合课程任教能力。

③课外与学生网络交流的能力。

④引导学生发现问题并指导学生解决问题的能力。

⑤教会学生辨别网络信息真伪的能力。

二、教师教学研究能力重构

教育的信息化和信息技术的应用不应只停留在表面。尽管部分教师采用了新的技术，但教学设计过程并未发生根本性的改变，仅仅是利用新技术将教科书和黑板搬到了屏幕和网络上，强化了现行的知识灌输和标准化考试的教学模式。在课堂教学中，如果仅仅用计算机来帮助学生获得书本知识和一般性的技能，那么这种新教学技术充其量成为一种实现传统教学目标的工具。相反，如果教师重新组织教学过程，把计算机的使用同强调学生认知发展的培养目标相联系的话，这种技术就能在学生的主动学习中发展出巨大的潜力，对学生的学习和智力发展产生极大的促进作用。

当前高等教育极其需要既对信息技术有深刻理解，又有深厚教育理论根基和丰富实践经验的教师在教育信息化过程中扮演重要的角色。在信息环境下的教师教学研究能力重构，可以从以下两个方面体现。

①教学研究不囿于课堂教学，更多地思考传统课堂以外的信息网络远程教学。

②教学评价研究更注意多元评价，更注意对学生生活能力的评价。

三、教师学习能力重构

教师一直被视为传授知识、教导技能、解答疑惑的角色，然而在教育信息化的时代，作为学生自主学习的引导者和协调者，教师的授课机会减少，需要投入大量的时间来解决学生的问题。学生在自主学习过程中产生的疑惑可能已经不在教师的教学范围内，这些问题可能已经超出教师原有的专业领域，因此教师不仅需要掌握深厚的专业理论知识，还应该涉猎其他相关学科的知识。

同时，教师还必须是网络应用的先行者。接触网络可以提高学生的学习水平，这个举动是明智的，但并非单靠网络就能成功，有些事情必须由引导学生接触网络的教师来做。因此，教师必须把握时代的脉搏，通过各种途径接受培训学习，掌握新兴的信息技术。教师学习能力的重构，可以从以下三个方面着手。

①逐步培养能通过网络、多媒体等途径进行多元读写的能力。

②从单环学习转向双环学习或多环学习。

③提高在虚拟世界中获取信息和知识的能力。

第四节　信息化环境下教师教学能力的发展策略

一、教师信息化教学能力发展特点

（一）教师信息化教学能力发展是动态的

教育进步和教学革新离不开教师的持续进步，而教师的专业成长也需要教师能力素质的持续提升，融入教师信息化教学能力的教学技术更具有时代性。因此，教师的信息化教学能力并非一成不变，而是处于一种动态变化的状态。在各个历史阶段、社会环境和教育背景中，对教师信息化教学能力的需求是动态的、变化的，但同时也具有明确的方向。教师需要适应这种动态变化的不确定性需求，因此，教师信息化教学能力的进步也是动态的。这种变化是教师在信息化教学环境中持续进步、持续优化和持续提高的过程，同时也是在信息社会中，为了适应社会的发展，教师在信息化教学环境中不断提高知识和能力素质、追求新知的过程。因此，在教师学习、工作和实践过程中，其信息化教学能力始终保持一种动态的进步。这种动态的进步不仅源自学习、教学实践和合作教学等，更直接的驱动力源于教师对信息化教学能力发展的热情和自主性，需要教师具备自主学习和终身学习的意识和能力。

（二）教师信息化教学能力发展是系统的

人们常说，中医治人，以人为本，以病为标；西医治病，以病为本，以人为标。因此，中医学也常常被人们称为“不是治病的医学，而是治人的医学”。教师信息化教学能力的发展绝非“哪儿有病医哪儿”，也绝非简单的“查漏补缺”，而是“以人为本”。

首先，教师信息化教学能力的发展，不能仅仅依赖于职前的知识技能学习，也不能仅仅依赖于在职期间参与的一些能力发展项目，而是既需要满足知识技能的结构性要求，也需要满足自身能力的素质性要求，这是知识技能和能力素质综合发展的要求。

其次，教师在不同阶段的信息化教学能力发展也有各自的重点。对于职前教师，更注重知识的积累和技能的模仿实践，对于在职教师，更关注不同信息化教学场景的转换和实际的信息化教学操作。教师职前和职后的能力提升既有各自的重点，同时也保持了发展的整体性和紧密的连接。

最后，教师信息化教学能力的发展不只是教师自身的专业进步，同时也与学生的进步、教育的进步以及社会的进步息息相关。教师信息化教学能力发展是教育信息化的核心环节，同时，教育信息化也是社会信息化的主要构成。教师的信息化教学能力的发展已经超越了个人的内在发展，涉及外在的众多相关因素，这显示了其发展的系统性。

（三）教师信息化教学能力发展是有指向的

教师信息化教学能力发展是一个具有明确目标和方向性的进程。观察教师在信息化教育领域的知识构成，探索教师在信息化学科教学方面的知识是其终极目标，同时，教师知识体系的全面进步也推动了教师在信息化教学中的智慧创新。观察教师的信息化教学能力的结构，提升教师的信息化教学技巧，以达到教师职业进步的目标。同时，教师个人技能素养的提升也对学生信息化学习技巧的进步和学生的发展起到了推动作用。

二、教师信息化教学能力发展策略的指导思路

高校教师信息化教学能力发展策略可以直接帮助教师提升教学能力，可是当前很多高校在制定策略方面仍然没有头绪，其实制定教师信息化教学能力发展策略可以从以下四个方面来考虑。

（一）设定基本方向

给教师信息化教学能力发展策略设定基本发展方向不仅需要高校单方面努力，还应该鼓励教师参与其中，高校组织和教师个体共同努力，制定双方认可的制度和策略，这样才能实现良好的效果。而达成共识需要将以教师为主体的基本观念作为策略制定的基本方向。在传统管理制度下虽然高校也针对教师教学能力的提升投入资源并组织相应的活动，但是很多活动不论是在内容上还是形式上，都将教师当作被动接受知识的对象。在这种活动当中教师个人的自主性难以被激发，导致效果很差。在这种模式下，不仅高校教师信息化教学能力提升效果不明显，而且教师的时间和精力被占据，还容易引发教师的反感。教师面对这种集体化、统一化的教学能力培训，即便兴趣缺失也必须参与，因为在传统管理模式下，高校都是以行政式、职级分明的管理方式来对高校教师进行管理的。也就是说，

这种模式下促进教师教学能力发展的方法多数是强制性、被动性的。在这种情况下，教师不得不去参与项目活动，最终花费了大量时间却没有提升自己的教学能力。这种方式花费资源、精力以及时间却得到了不如人意的效果，显然是高校不愿看到的。高校在对师资队伍进行培训之前，必须根据师资队伍的实际情况，制定教师信息化教学能力发展策略，在科学、符合实际的策略引导之下，为教师提供有效的信息化教学能力发展途径，实现发展高校教师信息化教学能力的目的。

（二）建立良好的学术生态环境

高校内部的学术生态环境在无形中影响着每一名师生，良好的学术生态环境可以为教师教学能力发展策略有效实施提供土壤；相对地，学术生态环境恶劣，教师不能沉下心提升教学能力，任何教学能力发展策略都难以有效实施。随着我国社会经济水平的提高，各大高校迅速扩招。很多高校近年热衷于扩大生源、购置资产等提升自身经济能力的活动。对于高校来说经济能力固然重要，可是高校终归是培养高层次人才、研究学术的场所，在规模扩大方面投入过多的精力必然影响学术和教学工作的管理。

高校教师是高校核心竞争力的重要组成部分，若教师无心学术研究，那么高校的核心竞争力也会下降，高校在激烈的竞争中将面临淘汰，甚至会影响到我国高等教育事业的发展。因此，制定高校教师信息化教学能力发展策略需要营造良好的学术生态环境，在良好的学术环境下，高校教师在信息化教学能力提升方面会更加投入。这需要高校完善管理，建立健全教师聘用、考评机制，加快高校改革的脚步。营造良好的学术生态环境甚至会使高校教师在学术钻研和教学中获得精神享受，从而进一步激发教师发展信息化教学能力的自主性。

（三）建立教学自由的原则

高校本就应该建立自由平等的学术风气，教学自由是推动教师教学能力发展的基本条件，在自由的教学原则之下，教师会更加轻松，有利于实现教学创新。我国高校长久以来都以行政手段管理高校，在这种刚性管理的环境下，高校可以自上而下有序管理，建立相对稳定的管理体系。但是在这种刚性管理的环境下，高校教学必然受到一定的束缚，教师的教学自由难以保证。高校教师难以拥有教学决策权利。在这种环境下，高校教学管理部门甚至对部分课程应该如何完成都设置了框架。高校教学本就不同于初高中教学，高校教学不仅要传授专业知识，更要在课堂上激发学生的创新能力，提高学生的学习热情。要实现这个目标就要打造自由、个性化的高校课堂。同时，教学活动本就是一种需要创造性的活动，课堂教学丧失了自由的教学环境，高校教师的教学发挥必然受到限制。从另一层面来看，这种管理方式下，教师在教学中不能充分发挥自己的能力，也难以释放自己的激情，不利于教师在教学实践中获得提升。高校要为教师教学能力发展提供一个自由开放的环境，在这种环境中相应的能力发展策略才可以更好地实施。

（四）提供制度保障

推动高校教师的信息化教学能力发展需要制度的支持。如果我国高校教师的信息化教学能力得到整体增强，那么将直接提高我们国家的高等教育质量。构建高校教师的信息化教学能力发展体系需要国家、地方和高校共同参与，高校教师的信息化教学能力发展策略也需要制度的支持，因此，国家、地方和高校应该为教师的信息化教学能力发展提供制度保障。

三、教师信息化教学能力发展策略的选择

制定教师信息化教学能力发展策略，可以在宏观策略、中观策略和微观策略三个层面上做出选择。宏观策略代表着推动其发展的外在环境因素，中观策略代表着推动其发展的策略理念，而微观策略则代表着推动其发展的内在体系和直接条件。

（一）宏观策略

所有事物的进步都不是孤立的，都与外部环境紧密相连，教师的信息化教学能力发展也不例外。尽管这些外部环境和条件并未直接影响教师信息化教学能力发展的具体进程，但这些条件和因素在一定程度上影响了其发展的步伐。教师的信息化教学能力提升主要依赖于推动其发展的外部环境策略，这包括社会发展的需求、国家政策的保障、教育改革的引导、学校组织的支持以及教师成长的助力。

1. 社会发展的需求

人类已经进入信息化的时代，这个时代的特点是信息快速增长，知识更新速度减缓。这种变化正在深刻地影响并改变我们的工作和生活方式。现代社会已经成为一个高度依赖信息的社会。教育信息化是社会信息化的重要组成部分，而教师则是教育信息化的核心环节。在信息技术进入教育行业之后，教育模式、教育途径、教育信息资源、教学环境和人们的思考模式都经历了深刻的改变。为了满足信息化社会的需求，教师需要积极进行角色转换，以增强自己的能力和素质。

在这个信息化的时代，学生获取教育信息资源的途径已经变得多样化，教师不再是唯一的教育信息来源。教学技能是教师能力的关键表现，在高度信息化的社会中，教师的教学技能反映为教师的信息化教学技能。在信息化社会中，我们需要培育出具备创新思维和实践技能的信息化专业人才，而教师的首要任务则是推动自身的信息化教学能力进步。可以说，信息化社会对教师的信息化水平提出了更高的要求，特别是教师在信息化教学方面的能力发展，是这个时代赋予教师的责任和使命。因此，教师在信息化教学方面的能力发展不仅是信息时代对教师的技能需求，也是信息技术深度融入教育所必需的。

在信息化社会中，教师的能力提升不仅需要他们学习专业知识，掌握常规教学方法，还需要精通信息化教学技术。基于这些，他们需要掌握信息化学科知识、教学方法。在进行信息化教学的过程中，教师逐渐形成了信息化教学智慧。从这个角度来看，教师的教学技术能力是其信息化教学能力发展的技术基础，教师的信息化教学知识和实践是其主要内容，而拥有信息化教学智慧则是其最终目标。在信息化社会，完整意义上的教师教学能力应包含四个方面：信息化教学意识、信息化教学知识、信息化教学能力、信息化教学智慧。

2. 国家政策的保障

教育信息化已经成为当前教育发展的主流和趋势，全球各个国家和地区都高度重视教育信息化的进步。教师的信息化教学也得到了国家政策的扶持和保障。从教师信息化教学能力发展策略来看，各国的政策扶持和保障主要表现在相关的教师教育技术能力标准的制定和执行，以及教师相关信息技术能力国家级培训项目的支持等方面。

在各国不断开展教师相关信息技术能力培训的同时，随着时代的发展变化，对教师的相关能力要求也进行着动态调整。如美国 2008 年颁布的《国家教育技术标准（教师版）》已历经了四次修订，而在我国，全国高等学校教育技术协作委员会于 2010 年发布了《国家高校教师教育技术能力指南》，以提升高等院校教师的信息技术应用能力。随着信息技术的不断发展，我国教育部又于 2022 年发布了《教师数字素养》，以提升教师利用数字技术优化、创新和变革教育教学活动的意识、能力和责任。

与此同时，高校教师准入制度必须完善和明确。高校扩招导致学生数量巨大，而高校教师资源却难以满足学生庞大的学习需求，所以很多高校将部分课程改为大教室上课的模式，缓解了教师不足的问题。为了解决师生比例不匹配的问题，高校加大吸引人才的力度，在教师准入标准方面更加看重求职者的教育背景和学历以及科研能力等，对于求职者有无教学经验、是否能够熟练进行信息化教学并不是十分看重。也就是说，当前很多高校在聘任教师时存在一个误区，认为只要有高学历、受过良好的教育、有科研能力，就可以担任高校教师，就能够胜任教学的工作。但高校为了补充教师数量忽视求职者的教学能力，必然会拉低高校教学的水平。所以，国家应该发挥宏观管理的能力，对高校教师的准入条件进行限定，不仅要具有良好的教育背景和较高的学历，教学能力以及信息化教学能力的高低都应当被纳入考察范围之内。

3. 教育改革的引导

针对信息技术发展带来的教育挑战，全球各个国家和地区都在积极进行教育和教学方面的变革，目的是培养符合现代社会需求的高品质专业人才。这些变革旨在满足信息技术发展带来的人才培训的新期待。毫无疑问，教育和教学的各个环节，如课程结构、实际操作以及教学手段和策略，都进行了深刻的变革，我国高等教育领域的相关变革也取得了显著的进步，这直接影响到了教育和教学评价的价值取向。

在我国，存在着教师教育改革落后于教育课程改革的现象。在教师的信息技术能力培训领域，这种情况格外突出。对于教师的信息技术能力培训，相应的教学评价不应只关注教师的信息化教学能力发展，而应该将教师能力标准的规范、教师的教学评估以及相关科学研究的视角及时转向信息化社会中高校学生的发展。因此，构建一个针对信息化社会中学生成长的评估和指导体系已经刻不容缓。

4. 学校组织的支持

教师群体的组织基础就是学校，学校不仅是教师进行教育和教学的地方，更是他们施展教学技巧的舞台。在所有推动教师信息化教学能力提升的外部环境中，学校无疑是最重要的。主要的学校组织支持涵盖了以四个方面。

①校长的支持。校长肩负着推动学校进步的重要职责，并且与教师之间存在着领导与被领导的联系。校长对于教师信息化教学能力发展策略的影响主要表现在他们对教师信息化教学能力的理解以及对教师信息化教学能力的赞赏两个方面。

②资源的准备。教师信息化教学能力的发展必须在特定的信息化教育环境中实现。因此，学校的信息化教育设施建设，以及信息化教育资源的设计、开发和筹备是至关重要的。学校不仅需要优化基础的教育设施，还需要增加对信息化教育基础设施的投入。

③培训的参与。对于在职教师来说，进行相关的信息技术应用培训是推动其

信息化教学能力发展的关键环节。学校可以激励甚至有计划地安排教师参与相关的信息技术能力提升项目培训，或者根据本校学科教师的实际需求，积极组织教师参与培训。

④教学的交流。学校应负责指导和安排各个学科的教师进行信息化教学探讨和交流，并实施教师间的信息化合作教学，包括集体备课、集体讨论和集体教学研究等。学校不仅要组织针对自己学校的信息化合作教学交流，还要通过网络等手段，推动各个学校、各个地区，甚至各个国家相关学科的教师进行教学交流和对话，包括教师之间的合作和交流，或者教师与学生、教师与专家的对话。全面的教育合作和交流有助于提升教师的信息化教学能力并实现经验的共享。

5. 教师成长的助力

对于教师信息化教学能力的发展，外部环境是必要的，而内在因素则更为关键，最根本的推动力源自教师。所以，教师对信息化教学能力的自信、正确的观念、时间的把控、知识的积累等，都是推动其信息化能力发展的直接内在动力。此外，教师在信息化社会中的专业提升需求也直接推动了他们在信息化教学方面的能力提升。

教师的专业成长源于他们自我发展的动力。在信息化教学能力的提升过程中，教师的自我成长始终是主导因素。教师的信息化教学能力的提升不仅是自我驱动的，也是影响一生的。只有当教师对自己的信息化教学能力有足够的自信和热情，并愿意付出努力，这种能力才能得到显著的提升。否则，所有其他外部的环境条件都不会产生直接的推动效果。

（二）中观策略

对于教师信息化教学能力的发展，也需要采用一些策略、方法和手段，也就是说，需要有一套推动其进步的理论体系，这是教师信息化教学能力发展策略的中观视角。在这个视角下，推动教师这一能力发展的核心环节是教学实践、合作交流和自主学习。教师信息化教学能力发展的主要推动策略包括传统方式与网络在线相结合、技术知识与实践应用相结合和自主学习与合作交流相结合三方面。

1. 传统方式与网络在线相结合

教师相关的信息技术能力发展项目在全球各个国家和地区的实践经验表明，面对面的培训方式已经被逐步采用，而网络培训也在不断推行，这使得传统的教学方式与网络在线教学得以有效融合。例如，新加坡实施了快速发展策略以便为教师的教学和学习活动提供各类网络支持，法国的国家远程教育中心（CEND）

是一个主要从事远程教育的机构，目前已经提供了大量的教师培训远程服务。关于教师培训的方式，各国都在努力寻找将实地教学和网络在线教学有效融合的方式。当然，教师也可以通过其他媒介，如网络媒体，获取与自身信息化教学能力发展相关的知识和技能。在信息化的时代背景下，获取学习资料的途径变得多样化。教师信息化教学能力的发展，如知识的获取、教学经验的分享、教学的讨论和协同教学等，都可以通过网络在线的形式来完成，实现与传统方法的融合。

2. 技术知识与实践应用相结合

对于教师的信息化教学能力发展，职前教师主要依赖于系统性的学习，而在职教师则主要通过自主学习和参加培训等途径来获取零散的教学技术知识。如果想将这些教学技术知识转化为实际的教学应用能力，那么就必须注重教师的实践教学环节。在职教师能够通过教学过程中的模拟积极投入教学实践中，从而加强对技术知识的实际运用。这种教学实践不仅是将所掌握的教学技术知识转变为实际操作的关键步骤，同时也是技术知识实现迅速转变的有效途径。教师的教学实践应用在教师能力培训项目中也有所体现，教师需要根据自身的学科教学情况，有针对性地进行教学技术的学习，并将所学的技术知识与教学实践应用有效地结合起来，这是教师培训的一种可行的方法。在接受教育培训的过程中，教师应当积极体验和推广参与式的教学方法，以确保技术知识和实践应用的无缝对接，提升教育培训的针对性、示范性和实践性。

所以，通过教学实践的运用，技术知识能够被转变为教师的信息化教学技巧。这种动态的教学实践运用不仅是对技术知识的深度拓展和提升，也是对技术知识的进一步展示。在职教师的教学实践运用体现在各个学科的教学中，同时也反映在教师的信息化合作教学中，如教学观察、教学交流和研讨等环节。此外，提升教师的信息化教学交流技巧也是将教学技术知识付诸实践的关键步骤。

3. 自主学习与合作交流相结合

在信息化时代，教师需要既有自主学习的意识，又有自主学习的技能，以满足教师专业发展的需求。自主学习是教师成长的关键驱动力，教师可以自由选择和自我管理，自主学习始终是教师专业发展的核心。教师在信息化教学中的能力发展需要具备开放性、动态性和终身性，这就要求他们具备自主学习的能力。

在信息化环境下，教师的合作交流不仅涵盖了教师之间的教学合作、观察教学、探讨教学等方面，还涉及教师与学生、教师与专家的互动交流。在这种环境下，教师不仅需要进行直接的合作交流，还需要提升自身在虚拟、远程或跨越时空的信息化合作和对话中的交流技巧。通过教师的信息化合作教学，可以有效分享团队的知识、经验和智慧，从而构建一个由教师组成的信息化教学团队。

毫无疑问，在教师信息化教学技术的进步过程中，职业前期的培训、在职的学习和教学的实际操作都占据了重要的地位。自主学习和团队的沟通方式具有开放性和非正规性的特点。因此，激励教师主动学习，并将自主学习与合作交流融为一体，对于提升教师的信息化教学技术水平具有重要的推动作用。

（三）微观策略

微观策略构建了推动教师信息技术教学能力发展的内在框架及直观环境。自主学习、教学操作、合作沟通，都是从教师自身视角推动其能力塑造及提升的主要表征。微观层面的发展策略集中体现在教师以自主学习为主的知识积累、以教学实践为主的应用迁移、以合作教学为主的对话交流三方面。

1. 以自主学习为主的知识积累

自主学习在教育行业是至关重要的，它构成了教师在信息化教学领域持久发展的基本前提和推动力，也是教师专业成长的内在驱动力。教师自主学习的目标在于增加技术知识储备，进行高效的信息化教学，并在信息化社会中推动学生的全面成长，使学生的学习成果应用到实际生活中。教师在进行职业教育前期的系统性学习时，必须掌握理论知识；教师在进行阶段性培训时，需要掌握相关知识并能在实际操作中运用，以此来提高教学技巧；教师在进行团队合作教学时，需要进行沟通和交流，互相学习，共同进步。自主学习是教师获取教学技术的一种方式，这在信息化社会中尤为重要。只有持续的自主学习，才能使教师在信息化教学能力的不同发展阶段获得的知识更具系统性，从而推动教师在信息化社会中的专业发展更具动态性、可持续性和终身性。因此，为了信息化教学能力能够持续进步，教师需要主动进行知识积累。

2. 以教学实践为主的应用迁移

教师所掌握的教学技术知识和技能需要在其他的信息化教学环境中得到应用，特别是在职教师的信息化教学实践，这是信息化教学能力的关键体现。因此，在信息化社会中的教师需要实现以教学实践为主的信息化教学技术应用迁移。

教师的信息化教学实践绝不仅是技术性的教学实践，还需要在实践中进行反思，从反思中累积智慧。这种教学实践的目标是创造和累积教师的信息化教学智慧。从形式上看，教师的信息化教学实践似乎只是外在的，但它也是教师教学技术知识和技能在具体情境中的应用，更是教师信息化教学理论知识的体现。它是教师信息化教学能力的转化，是一种“理论化实践”。经过“理论化实践”的教师信息化教学知识体系和能力素质使得“行动中反思”的过程得以实现，并且形成了“实践中的理论”。因此，教师需要将教学实践作为主导，在各种信息化教学环境中实现信息化教学的整合和互动，通过实践进行反思，从而在反思中提升自我，最后达到信息化教学智慧的创新。

3. 以合作教学为主的对话交流

教师的信息化协同教学技能是信息化教学技能的关键部分。这种协同教学技能主要体现在教学观察、教学讨论、合作交流、合作科研等方面，有助于推动教师信息化教学技能的全面提升和进步。

通过教师之间的信息化合作教学，可以实现彼此的交流，这将有利于彼此分享教学经验和共享教学资源，从而弥补各自的不足，推动教师的信息化教学技术水平的提高。这种教师的信息化合作教学技巧不仅涵盖了教师之间的合作交流，还包含了教师与专家、教师与学生的沟通对话等，这并不只是指直接的沟通和对话，还强调了在信息化环境下的合作教学和对话交流。在信息化社会，以合作教学为主的对话交流更有时代性。

第四章　高校教师信息化教学能力培养手段

本章为高校教师信息化教学能力培养手段，主要围绕着深化职前培训、设计实施教师信息化教学能力培训项目、开展信息化课程教学实践以及举办信息化教学能力竞赛四个方面进行了详细的介绍。

第一节　深化职前培训

教师的能力提升是一个全面的过程，无论是职前的培训还是在职后的培训，都是不可或缺的关键步骤，是各阶段能力发展的支撑和推动力。在职教师和职前教师在提升信息化教学能力上的重点有所不同，职前教师主要侧重于技术知识的获取和技能的训练，而在职教师则更注重基于技术知识和技能的实际应用。因此，提升信息化教学能力是一个整体发展的过程，应将职前培训作为起点，并在职后的动态实践中持续进行，组织新教师在上岗前接受信息技术操作知识和能力的培训与考核。

一、教师职前培训模式

教师的职前培训方式与社会经济、政治、科技以及教育的进步紧密相连，社会经济、政治、科技以及教育的进步对教师的职前培训方式产生了决定性影响。

在自然经济环境中，由于物质生活条件的不足和教育水平的滞后，人们的受教育水平普通不高，没有专门的教师培训机构，教师角色主要由识字的人来担任。

随着自然经济向工业经济的转变，机械化工业取代了手工业，科学文化知识逐渐成为生产、生活的关键要素。随着社会对教育水平要求的不断提升，对教师的数量和质量有了更高的期待，对教师职业的标准也日益严格。这导致了独立设置的师范学院的出现，并形成了一种封闭式的、专门针对教师的职前培训模式。

尽管师范学院的自主建设为教育教学提供了众多优秀的教师，并对教育的推广和教师团队的构建做出了重要的贡献，但是，随着高等教育市场化的推进以及素质教育的全方位推行，师范学院自主建设的缺点也日益突出。首先，师范学院的自主建设以及它在教师市场的独占地位并没有进一步推动高等教育的市场化进程，这与市场经济规则相悖，也阻碍了高等教育的进步；其次，教师的来源过于单一，这对优化教师团队的结构以及提升教师团队的总体素质并没有帮助，反而会直接阻碍基础教育的进步和教育品质的提升；最后，高等师范学院对教师培训和培养市场的垄断也无法激起其他院校对教师培养的热情。此外，市场竞争的缺失对师范学院的进步也是不利的。

现在，我国已经允许非师范类学校培养师范生，并从这些毕业生中选拔出优秀的毕业生来学校任教，这不仅是一个改进教师队伍结构、提升教师整体素质的新策略，也是教师职前培训模式从封闭式向开放式转变的第一步。

教师的职前培训模式从封闭式转变为开放式需要满足四个基本条件：首先，中等教育已经基本普及并且教师资源得到了充分的满足；其次，在职教师的培训体系已经基本完善并且水平较高；再次，教师这个职业具有很大的吸引力；最后，高等教育的发展规模也相当大。这四个基本条件主要受到国家经济发展状况的影响，因为教育的普及率和教师的能力发展依赖对教育的投入；健全的教师培训机制也离不开国家的财政援助；教师的社会地位和经济收入决定了教师岗位的吸引力，如果想让教师成为众人羡慕的职业，就更需要国家的财政支持以及对教育的大规模投资。此外，还需要充足的高校毕业生来竞选教师岗位，这同样需要大量的经济资助，以应对高等教育的不断发展。

二、信息化环境下教师职前培训策略

（一）更新教育理念，变革培养模式

构建信息化教育技能培养方案，以感知、理解、体验、提升四个级别的培养目标为基础，按年级划分，把信息科技的知识和技巧融入课堂教学、实地调研中。此外，也可以创建大学－中学信息化合作育人平台，建立信息科技教学技能训练和比赛体系，开发并实施针对信息科技教学技能提升的微型课程，研究合作培养、比赛替代线下培训、网络学习等培养方式，以期得到更优秀的培训成果。

（二）逐层开展培养，完成信息化教学知识普及与渗透

开发一套可以支持信息技术和教育技术的信息化教学公共课程。运用问题解答、任务引导、案例研究、协同互动等多种教学手段，并结合混合型学习、移动型学习等多元化的学习模式，对教学相关的信息技术、教学资源设计开发的工具和手段，以及与特定学科结合的信息化教学的设计、执行、评估的知识进行深入的培训，完成信息化教学知识普及与渗透。

（三）建设教育信息化人才培养环境

建设与实际应用相匹配的教育信息化专业人才培养环境的方法有很多，如整合微型教室、网络教室、多媒体教室和学科教学资源网络等。教师教育信息化实训平台能够实现课堂教学的自动录制、远程实习、视频交互以及资源共享，解决信息化教学技能的训练难题，帮助教师完成信息化教学知识的运用和深化。

另外，为了推动教师的能力提升，成立教师教育学院和教师教学发展中心已经成为一种新的途径。这些机构可以承担教师培养和培训的理论探讨、模式实践、绩效评估等任务。

第二节　设计实施教师信息化教学能力培训项目

一、培训项目

2018 年 4 月，教育部正式颁布了《教育信息化 2.0 行动计划》，其中明确指出，推动教师主动适应信息化、人工智能等新技术变革，积极有效开展教育教学；发展基于互联网的教育服务新模式，加强教师信息素养教育和信息化教学能力培训。同年，教育部等五部门印发的《教师教育振兴行动计划（2018—2022 年）》提出，在教师培养培训方面，我国将启动实施“互联网 + 教师教育”创新行动，充分利用云计算、大数据、虚拟现实、人工智能等新技术，推进教师教育信息化教学服务平台建设和应用。

随着信息社会的快速发展，人类的社会生活和工作技能对于信息化的需求变得更加突出。对于高等院校的教育教学而言，教师培训中面向信息化教学能力提升的培训项目将变得越来越重要，甚至成为高校教师专业化发展的关键推动力量。

国家培训项目是在全国教育工作会议和教育规划纲要的推动下启动的第一个教育发展的重大项目，也是一项推动高素质、专业化的教师团队建设的关键措施。基于项目的教师信息技术应用能力培训是目前常见且富有成效的培训方式，目前有关的培训项目主要包括教育部与英特尔未来教育培训项目和教育部与微软（中国）携手助学项目。

（一）教育部与英特尔未来教育培训项目

英特尔未来教育项目是英特尔公司为支持计算机技术在课堂上的有效利用而设计的一个全球性的教师培训项目。自 2000 年起，英特尔公司与教育部合作，在中国启动教育部与英特尔未来教育培训项目，成为在中国开展的规模最大的国际合作教师培训项目。

在教育部师范教育司的指导下，英特尔未来教育计划已经在中国 10 所师范学府启动师范生的培养项目，已经超过 100 万名师范生进行了英特尔未来教育培训项目主要课程的学习，这个项目显著增强了信息科技在教学中的实际运用，并且为中国的教育信息化以及师资的专业化成长做出了重要贡献。教育部和英特尔公司共同签订了《未来五年深化教育合作备忘录》，同时，《国家中长期教育改革和发展规划纲要（2010—2020 年）》也把英特尔未来教育的普及列入其中。这表明英特尔未来教育培训项目为我国教师的培养提供了广阔的发展空间。

英特尔未来教育培训项目的实施，不仅是一种新的教育理念和教育技术的输入，更为我国正在进行的素质教育改革提供了一种新思路。

（二）教育部与微软（中国）携手助学项目

为了尽快消除地方经济发展不均衡导致的数字鸿沟，并充分发挥信息技术在基础教育中的作用，教育部与微软（中国）有限公司在北京签署了《中国基础教育信息化合作框架协议》。这个协议启动了教育部与微软（中国）携手助学项目，并与相关的教育机构和教育工作者合作，通过信息技术推动教育观念的改革和教学方法的创新，以促进中国基础教育的信息化进程。根据该协议，在教育部的指导下，微软提供资金支持，从师资培训与技能培养、教育信息技术管理培训等具体项目的实施探索信息技术和学科教学的整合。设定了三个目标：缩小数字鸿沟，让更多的人，特别是农村地区的人们能够享受到信息技术带来的益处；推动信息技术在基础教育中的运用；利用信息技术推动教育观念的改革和教学方法的创新。

教育部与微软（中国）携手助学项目在基础训练中采用了“集中学习＋光盘自学＋学习网站支持”的方式；在中级训练中使用了“基于网络环境的课堂面授＋网上教学服务平台”的方式；而在高级训练中选择了“高级研讨、国际交流＋相应网络课程”的方式。混合式的学习培训方式能够充分利用主讲教师在培训过程中的引领地位，同时也能展现出受训学员作为培训主体的积极性、主动性和创新性，这是目前教师培训领域中较为创新的模式。

在教育信息化基础设施的建设过程中，进行了一系列推动信息技术应用的活动。这些信息技术创新应用主题活动的核心目标是通过一系列的培训和应用评估活动，激励教师运用信息技术来创新教学方法，从而在教学实践中提升教师的信息传播能力，并促进学生学习水平的提升。尽可能地增加教育信息化的投资回报，这是其他类似项目应当学习的。该项目展示了教育信息化的实际应用性和代表性。之后，教育部与微软公司达成了二期项目的合作。这将持续推动中国教育信息化、教育研究以及人才培养的进步。二期合作主要集中在教师、学校和学生三个方面，通过教育技术的培训有效提升教师的教育技术应用能力，推动信息技术在教学中的有效运用，提高广大教师实施信息化教育的能力和水平。

二、培训方式

按照教育部的总体部署，教师信息技术应用能力培训主要采用混合培训的方式进行，按照培训需求，将集中研修、网络研修、校本研修、混合研修等方式有效结合，进而开展相关培训。

（一）集中研修

集中研修又叫作集中面授培训，是指在各相关机构的组织下，采取集中面授的形式对符合遴选条件的教师进行面对面培训，培训活动包括主题讲座、线下协作活动等。例如，示范性网络研修与校本研修整合培训项目中的培训管理者进行集中研修，遴选了一批培训管理者开展为期五天的集中培训，培训包括专题讲座、问题研讨、案例学习、实践操作等环节。

（二）网络研修

网络研修又叫作网络远程培训，是一种以网络为基础开展的教研培训活动。一般的网络研修活动都是在各相关管理机构的组织下进行的，参加培训的教师登录指定的网络研修平台开展研修活动，收看培训课程，研读学习材料，利用网络与其他学院的专家展开交流研讨。网络研修一般对教师的学习时长、学习内容都有详细的规定。

（三）校本研修

校本研修又名校本培训，是基于学校的一种教师研修方式，其研修地点为教师工作实践的主要场所——学校，教师不必脱离工作岗位，不必转换角色，就能在学校进行全面的研修。校长和教育教学的中层组织者在研修中起主要作用，是研修活动的发起者和组织管理者，同时也是参与者。校本研修提倡因校制宜，根据学校实际情况制订校本研修的方案、计划，以需定训，以求定训，从而保证校本研修的针对性和实效性。借助信息技术优势，某些校本研修也建立了专门的网站以满足本校教师的培训需求，如校本研修网。

（四）混合研修

随着培训观念的转变，单一的培训方式已不能满足教师的培训需求，因此，混合研修应运而生。混合研修又叫作混合式培训，是指在一项培训活动中同时采用多于一种的培训方式，通常为线上线下相结合的混合培训模式。

三、培训内容设计

（一）确定信息化教学理念

在对教师进行培训前，需要确定教育培训理念，即信息化教学理念，以唤醒教师信息化教学应用的意识，并在此基础上遵循信息化教育的理论与实践框架，从信息化教育理论体系、技术体系和实施体系等三个维度出发，在课程、专业和学校三个层面全面开展重构性的教学实践，促进普通高等院校信息时代的教育教学改革，使信息化教学理念从思想层面上增强受训教师的信息化教学意识，帮助教师为接下来的培训做好心理、意识与态度的准备。

（二）优秀案例学习

培训过程中要有相应的优秀案例对教育理念进行佐证，从而使受训教师更加深刻地意识到信息化教学的重要性。为教师提供各个高校不同类型的信息化教学优秀案例，引导受训教师讨论、交流，促使教师对信息化教学进一步深刻理解，并使他们增强提升个人信息化教学能力的意识。

（三）相关技术学习

当教师拥有信息化教育观念和认知时，可以根据他们的实际情况进行基础的计算机操作培训，包括计算机操作系统应用、文字编辑、电子表格应用，以及在教学过程中经常使用的多媒体教学软件的应用，如幻灯片制作软件、方正奥思多媒体教学软件，还包括网络操作技巧，如电子邮件的接收与发送以及网页的创建等。

为了能比较好地将现代信息技术与学科教学整合起来，需要教师在学习一些常用软件使用方法的同时，进一步学习使用提高学科整合能力的专项类软件，以优化教育教学资源，提高教学质量。如数学教学中常用几何画板软件进行几何图形的教学，物理教学中常用仿真物理实验室教学软件进行物理模拟，英语教学中常用一些视频、音频和翻译等方面的软件。通过培训让教师学习这些软件，了解其用途。

（四）开展课程设计

在对教师进行信息化教学能力培训时，应侧重于讲课和实践操作，接受培训的教师应当在培训讲师的带领下，按照课程前期分析—课程整体设计—学习单元设计的顺序，结合相关的信息化技术，设计制作出自己学科的信息化教学课件，并在讲台上进行公开演示。小组内其他成员与培训讲师对其进行点评，在相互讨论、相互借鉴、相互评价中提升教师的信息化教学能力。

对信息化教学能力的提升不应是照本宣科的，教师这一职业本身就看重实践经验，一味地追求理论只会变成行动上的矮子。只有不断实践，教师才能发现自身不足，其教学能力才能够不断提升。信息化技术同样如此，只有教师亲手实践操作了，才能在应用的过程中彻底掌握，才能熟能生巧，将其灵活运用到课堂实际教学之中。

（五）汇报总结

在培训即将结束时，教师应进行汇报总结，将自己的课件、学习感悟等进行公开分享，进一步思考培训的意义，总结学到的知识与技能，形成培训的闭环，完善个人的教学能力体系。同时，教师应在组与组之间进行交流与分享，进一步发现自身不足，发现他人长处，取长补短，优化自己的课程教学。

四、培训项目实施方案

从影响项目成功的因素看，教师信息化教学培训项目质量的影响因素可以归纳为时间性的投入、技术感知和资源内容的有效性，培训项目本身相比技术更加关注方法。从项目组织机构因素来看，技术的易用性与可访问程度、技术融入教学方法的支持措施与理论方法是信息化教学培训项目成功的关键因素。而从项目实施效果因素看，教师能否在专业化发展项目中感知到技术在教学中的有效性将决定其能否把培训项目应用到自身的实际教学中。因此，制订一个切实有效的培训项目实施方案就显得尤为重要。

结合培训内容，在实施培训项目时可分为以下五个阶段。

第一阶段：分析接受培训的院校教师的需求特征，在此基础上制订培训计划。

第二阶段：开展优秀案例学习，包括专家理念引导和课程优秀案例介绍两个部分，通过专家报告和优秀教师实践案例学习，让教师自发形成信息化教学的意识。

第三阶段：进行相关技术的学习，通过上机操作，让教师熟练掌握计算机操作系统、文字编辑和电子表格、幻灯片制作软件等，并学习、掌握、熟练应用与自己学科相关的现代信息化技术。

第四阶段：进行公开课演示，通过教师汇报、分享和交流，以及专家点评，帮助教师优化自己的课程设计以及课程建设效果，使教师具有开展信息化教学的应用能力。

第五阶段：跟踪分析培训效果，对教师信息化教学应用实践进行跟踪，有效指导教师反思、总结自己的教学成果，使教师基于设计研究和行动研究的成果逐步深化信息化教学意识与应用能力，通过科学实证性方法提升课程质量。

第三节　开展信息化课程教学实践

实践是检验、巩固和升华理论的具体行为，理论与实践结合，可以对实践起到积极的指导作用。因此，高校教师要保持并不断提高自身信息化教学能力，其关键途径就是将信息技术与自己的常规教学工作紧密结合起来。具体来说就是在学科课程教学中深度融合信息技术，应用信息化技术手段改变传统的教学模式，营造信息化的教学环境，为学生提供信息化教学资源。

一、信息技术与教育教学融合

进入21世纪，信息技术渗透到社会生活和经济发展的方方面面，在交通运输、生产建设、购物支付等很多领域取得了重大应用成效，促使社会生活和经济发展产生了颠覆性的变革。尽管信息技术已经进入了教育领域，如校园网和多媒体教学设施的普及、信息化教学管理系统的应用等，但其在教育教学领域的应用更多停留在手段、方法的层面，对于提升人才培养质量，尤其是对创新人才的培养方面成效并不明显，尚不足以对教育教学发展产生革命性的影响，以至于美国苹果公司创始人乔布斯都感到非常疑惑："为什么计算机改变了几乎所有领域，却唯独对学校教育的影响小得令人吃惊？"[①]为推动教育信息化，充分利用和发挥日新月异的信息技术优势，实现教育教学领域的变革，我国教育部明确提出要实现信息技术与教育教学的深度融合，以解决技术与教育教学两张皮的问题。

要实现信息技术与教育教学的深度融合，就不能只停留在利用信息技术改进教学手段和方法这类浅显的工作层面，而要对教育教学系统进行结构性变革。"学校教育""家庭教育""社会教育"以及"终身教育"这四大类别构成了教育教学体系，其中，学校教育占据了多元化教育体系的关键位置，而课堂教学模式则是这一体系的核心构造。所以，我们需要将教育和教学体系的结构性改革具体到课堂教学中，并且将其与信息技术和学科教学深度整合起来。将信息技术与各个学科的教学过程深度整合，打造一种信息化的教育环境，这种环境不仅能够充分发挥教师的引领作用，也能强调学生的主体地位，并且有助于形成"自我驱动、探索和协同"的教育模式。这样可以最大限度地激发学生的主观能动性、积极性和创新性，从而对传统的课堂教学模式进行颠覆性改革，也就是说，原先的"教师为中心"的教学模式已经被"教师引领＋学生参与"的新型教学模式所取代。

要利用信息技术改变传统课堂教学结构，创造信息化教学环境，提高学科教学质量，其关键就是要在学科教学中深度融合信息技术。要实现这一点，首先，要了解课堂教学结构变革的内容。课堂教学结构由教师、学生、教学内容和教学媒体四个部分组成。在传统课堂教学中，教师是课堂的主宰者、知识的灌输者、结果的唯一评价者，学生则是被动的接收者。教学内容是标准化的、统一使用的教材，教学媒体是帮助教师传授知识的工具和手段。融入信息技术以后，教师转变为课堂教学过程的设计者、组织者和指导者，指导学生利用信息化教学媒体或

① 李文辉．基于核心素养、着眼未来的学习[M]．重庆：西南大学出版社，2022．

平台自主学习教材和其他信息化教学资源，帮助学生在原有的信息基础上加工信息，促进学生主动建构自己新的知识体系。学生在信息化环境中自评或互评学习成果，参与评价过程。其次，要充分应用信息技术的新型教学模式。例如，基于混合式教学理论的翻转课堂教学模式，使原来的“学生在课堂上被动聆听教师讲解”转变为“学生课前自主学习信息化教学内容，课堂上师生交流，课后学生完成作业”的学习模式。最后，要实现翻转课堂教学模式，需要教师为学生提供充足的与学科课程相关的数字化学习资源，包括音频、视频、电子文档等，供学生自主学习、自主探究。教师准备的数字化学习资源可以是已经成熟的资源，也可以是根据课程教学目标和学生特点，由教师自己创建及制作的系列课程，后者是高校教师提高自身信息化教学能力的有效路径。

二、基于慕课的信息化教学

慕课是对 MOOC 的音译，是由华南师范大学教育技术学院焦建利教授首次提出的。MOOC 是英文 massive open online course 的首字母缩写，意思是“大规模在线开放课程”。因为是在线课程，一切教学环节和教学材料都需要应用信息化教学平台和手段来完成并呈现，所以，独立创建或参与创建慕课课程是高校教师信息化教学能力的综合体现。

（一）慕课的特点

“慕课”这一概念被提出后，在全球教育领域得到了推广。尽管不同的教育机构和学者对这个概念的理解不尽相同，但对其基本特征有较为普遍的共识。

1. 在线访问的开放性

随着时间的推移，人们对慕课的理解已经有所转变。“开放”是慕课的主要特性。“开放”代表着即使学生的国籍、受教育水平、文化背景等方面有所不同，知识也应该被公开分享，每个人的学习愿望都应得到最大程度的满足。因此，开放性不仅意味着免费共享，也涵盖了资源的再利用、修改和传播。

2. 大规模参与性

慕课的开放性在于其大规模的参与。慕课与一般的课程有所区别，它并非由个人发布的一两门课程，而是一个平台，通常不会对注册人数设置限制，因此来自世界各地的学生都可以自由地参与到他们喜欢的课程活动中。

3. 微课程资源精品化

在当前的在线课程平台上，精简的视频构成了课程的关键元素。这些小型在线课程的授课老师多数是知名的大学教授，许多课程视频还包含一些小测试，以便学生能够实时评估自己的学习效果。学生有权限暂停和回放这些短视频，并对其中的内容进行研究和再利用。考虑到学生的注意力一次大约只能维持 10 分钟，所以 5～15 分钟的短视频正好符合他们保持注意力的最优时长。

优秀的短视频设计能够有效强调关键点、核心点和难点，减轻学生认知压力，提高学生学习效率。如果在播放短视频的过程中融入习题测试、模拟实验操作、程序代码编写等互动体验，可以为学生创造检索式学习的机会，让他们在短暂的时间里频繁回顾和处理信息片段，从而极大地增强学习效果。此外，这些内置测试也能借助自动评分系统为学生提供实时反馈。慕课平台还成功地融合了社交网络、在线社区、视频会议，将专家、教师和学者联系在一起，吸引每一位学生参与其中，从而让学生感受到强烈的自我成就感。

4. 教学分析与评估的大数据化

随着大规模的学习访问、全球性的合作交流以及动态更新的信息资源的涌现，慕课教学必然会产生大量的数据，这些海量的学习数据都将被慕课平台记录。在学习慕课的过程中，学生不仅需要观看视频和回答问题，还需要通过社区网络、论坛、博客与教师和他人进行互动，因此留下了大量的数据痕迹。运用大数据分析技术对这些数据痕迹进行深度分析和处理，有助于揭示出传统教育模式无法捕捉到的趋势，有助于理解学生是如何学习的、他们理解了什么、他们未理解什么，以及是什么因素导致他们取得成功等重要问题。

（二）慕课的作用

1. 微视频与关联性的教学呈现

慕课的教学内容和学习资源的编排始终遵循学科领域的主要观念的逻辑顺序。例如，每一堂课的教学内容可以围绕一个核心概念、一个原理或定律来设计。然而，在规划某一课程时，教师需要特别关注这一课程与前一课程以及下一课程的主要联系，以提升课程间的逻辑性、连贯性和整体性，使得学生在正式学习过程中能够将这些看似独立的短篇课程内容联系起来，构建富有活力的知识网络。

慕课是一种有组织的教育模式，它拥有一套完善的学习和管理系统，与传统高校教学模式有所区别。从入学标准来看，只有注册后的学生才能参与慕课的学习（如果没有注册，就无法观看视频）。然而，慕课并没有严格的入学要求，无论年龄、国籍或职业如何，只要在网上完成个人基本信息的注册，就能获得学习资格。观察慕课的教育周期，每个课程都有一个相对固定的学习期限（通常是一到三个月)，然而在这个开放的时间段内，学生可以打破固定的上课和下课时间以及班级人数的限制，根据自己的计划进行实时的学习。因此，慕课通过网络平台实现了有序且富有弹性的教学安排，实现了教学管理的个性化。

2. 建构主义和以学为本的教学价值取向

教学模式与学习模式是相同的，只是两者代表的视角不同。学习模式关注学生应该做什么，而教学模式则关注教师或其他人能够做什么来辅助学生学习。教学模式的目标是探究所有推动学生学习的因素，并通过在实际学习环境中易于实施的系统的方法将它们整合起来。现在，翻转课堂的教学方式极具吸引力，这种方式重新规划了课堂内外的学习时间和内容，主要将知识讲解和个人构建放在课外，同时也将知识的内化和社会协商放在课外，真正实现了学习权从教师到学生的转移。因为有足够的课外时间，学生可以根据自己的学习方式和认知特性来合理规划学习内容、形式和进度，从而提高学习的积极性、责任感和掌控力。在课堂上，他们会将课外学习的成果和感受与教师和同伴分享，通过集体活动相互分享和交换知识。此外，教师在课上也可以引导学生更主动地学习，与其共同应对学习过程中遇到的挑战，以加深学生对学习主题的理解。

慕课的教学方式与传统的课堂教学有所不同。它基于建构主义的理念，主张知识的获取并非终点，而是一个持续进行的过程。慕课以“共享”和“开放”为核心思想，彻底颠覆了传统的教与学的主导关系，充分展现了以学生为中心，教师和网络共同引领的全新的“双主”模式。在慕课平台上，学生是课程的核心，教师的工作是提供必要的辅助，学生可以根据自己的兴趣来选择课程。

随着网络技术的进步和网络的广泛应用，慕课已经实现了“无论何时何地都能享受免费教育”这一理念在技术层面上的无障碍化。通过慕课，学生可以轻松获取大量信息，接触到世界顶级学府的优质课程，学习过程在家中也能轻松完成，而且慕课平台上即使有两三万人同时学习也不会有任何问题。

3. 进行系统化的深层次学习分析

慕课平台通过运用多样化的数据，结合各种计算方法和模型，可以对学生学习方式、学习倾向及其表现进行精确的研究，同时也可以发现学生可能存在的问题，从而有效地向学生提供优秀且具有针对性的学习辅导和服务（如推荐适应性的内容)。在学生面临学习挑战的情况下，该平台可以立即给予必要的援助与指导，使得学生不再害怕失败或是挫败。鉴于慕课平台收集了与学习活动息息相关的庞大数据，需要运用最新的科技模型、计算方法去探索这些数据，以揭示其中隐藏的含义。很明显，这种情况下必须进行系统化的深层次学习分析。

4. 促成大规模互动与参与

大规模互动与参与是慕课的特色之一。首先，慕课平台并未对注册用户设置限制，反而为其提供了网络交流的场所，为全球学生的广泛参与和互动创造了可能性。其次，慕课主讲教师的权威性、学习内容的优质性、学习时长的适宜性、学习过程的自主性以及学习干预的有效性，会对全球学生产生强烈的吸引力。再次，慕课的设计目标是网页导航清晰明了、操作简便，核心理念组织有条不紊，课程解说流畅且生动。这些设计元素能够减轻学生不必要的外部知识压力，使得学生能够更专注于学习内容和学习活动。最后，通过自动化评估、成长性测试以及个性化的学业报告，学生可以明确掌握自己的学习进度，从而提升他们的元认知能力。此外，慕课还利用论坛、社交网络等技术建立网络学习社区，推动文化共享和社区协作学习。

（三）慕课创建与高校教师信息化教学能力

慕课是一种在线完成教学全过程的课程教学方式，高校教师在创建一门慕课时要应用信息技术将课程的教学设计、教学内容、教学实施、教学评价等环节在网络化教学平台上完整呈现并随着课程进展逐步落实，教师要将每一节课的教学内容和教学材料数字化并及时上传，要组织开展师生、学生间的在线互动，评价学生的在线学习成效并及时反馈。这一切都与教师的信息技术素养和信息化课程教学能力息息相关，可以说慕课平台是教师信息化教学能力的“试验场”和“展示舞台”。

通过对慕课建设过程和效果的记录、总结和反思，高校教师不仅能够培养、提高自身的信息化教学实践能力，还能够锻炼、提高自身的信息化教学研究能力。如美国在线教育三驾马车之一的 edX 在线教育平台，一面为全世界的学生提供“世界上最好大学的课程”，一面鼓励教师对慕课课程的运行展开实证教学研究。教师研究团队基于教学过程中采集到的由学生产生的海量数据，研究学生的学习行为，分析学生如何学习、技术如何转变学生的学习方式、教师在教学中应该采用什么样的教学法等与教学相关的重大问题，公开发表了研究报告或研究论文。如 edX 发表的题为《探究全球性课堂中的学习：基于 edX 首门慕课的研究》的研究报告，该报告就是在深度挖掘和分析 edX 的首门慕课“电路与电子器件”运行数据的基础上完成的。[①] 我国华南师范大学焦建利教授团队在中国大学慕课

① 杨满福，焦建利．大教学、大数据、大变革：edX 首门“慕课”研究报告的分析与启示[J]．电化教育研究，2014，35（06）：34—37.

平台开设了教师教育类慕课课程“英语教学与互联网”，这是一门信息技术与英语学科教学深度融合的在线课程，在建设这门慕课课程的过程中，教学团队提出了一种创新的 PTTCA 慕课课程设计模式，即以问题为导向的基于慕课教学法的“五步骤”在线课程设计模式，包括问题导入（problem-oriented）、理论支撑（theory-based）、技术驱动（technology-driven）、案例阐释（case-study）及拓展应用（application-developed），团队教师合作撰写了《PTTCA：一种问题导向的慕课课程设计模式》一文并发表在国内核心期刊上，推广 PTTCA 慕课课程设计与开发的理论模式，供其他高校教师在设计与开发相关慕课课程时借鉴。

综上所述，要创建一门慕课课程，需要高校教师有强烈的信息化教学意识、全面的信息素养、较高的信息化教学设计实施和评价能力。如果教师同时拥有信息化教学研究的自觉意识和能力，则能够促进教师进入信息化教学水平不断完善和自身专业水平持续提高的良性循环。因此，毋庸置疑，创建慕课课程是提高高校教师信息化教学能力的有效途径之一。

三、基于微课的信息化教学

自 21 世纪初开始，伴随着网络宽带、通信技术、无线网络、智能移动终端等高新技术的迅猛发展和应用，“微”行业在中华大地上遍地开花，“微博”“微信”“微视频”“微电影”“微小说”“微聊”等“微”字头的新鲜事物渗透到人们的日常生活中。这股“微”东风也不可避免地刮进教育界，高校教师也将以微视频为载体的“微课”应用于教育教学的各个环节。十几年间，微课经历了从概念形成到教学应用再到蓬勃发展的各个阶段。其间，依托微课资源的建设和应用，高校教师的信息化教学能力也得到了检验和提升。

（一）微课的特点

微课教学是将某个知识点、解题思路及方法和配套的练习资料展现出来，帮助学生自主学习，使得学生能更好地掌握该知识点的应用或者解题的思路和方法。在教学应用中，微课教学具有明显的高效性，相比常规课，微课资源主要具有如下特点。

1. 微课资源的选题来自教学课程

微课不是帮助教学的多媒体课件，而是一种情景化、趣味性、可视化的数字化学习资源包，是按照学生的学习规律，经过教师精心设计的一种完整的教学资源。微课在形式上短小、独立，将以往一节课中的教学知识合理地分解成多个单一知识点，是为完成一个教学目标，围绕某个知识点、教学环节、教学活动或者知识技能而展开的以视频为载体的课程。因此，微课呈现的是部分知识点，对教学知识进行了碎片化处理，但课程设计并不是碎片化的，而是对每个知识点的合理分解，在分解知识点的同时降低了学生学习的难度。

2. 微课是用于教学的一种课程资源

微课的内容一般为课堂中较难讲清楚的知识点、复杂或者难以演示的实验、不便在课堂展示的实验以及微观世界的物质变化过程等。微课目标明确，可以强化重点、突破难点，让教师更好把握。微课资源丰富、短小精悍，能够实现知识点的拓展，可以将突破重难点的技巧更好地展现出来，使学生更好地理解学科知识。

3. 微课资源的核心组成是教学视频

视频作为人类目前所掌握的最佳传播媒介，更加符合教育心理学和学生认知的特点。视频材料可以减少课本知识的距离感，增加知识的亲和力，提高学生的学习兴趣。学生通过微课资源进行自主学习、独立思考、动手实践，掌握学科知识的重点、难点，建立完善的逻辑思维，学习运用知识的方法和技巧，学习的主动性得到了充分发挥，从而产生浓厚的学习兴趣。此外，微课资源还具有针对性、反馈性、趣味性等特点。

微课视频既不是课堂教学实录的视频片段，也不是其中的一个环节，它是课堂教学内容的浓缩，有导入、讲解、示例、总结等教学过程，具有类似一节课的完整结构。它是由这些部分通过多媒体技术制作成的、具有教育教学功能的简短视频。微课视频时长一般为 5～8 分钟，最长不应超过 10 分钟，这是符合学生的认知发展规律的。著名的“注意力 10 分钟法则”告诉我们，人的注意力在学习刚开始的 10 分钟是最集中的，也是学习效率最高的，超过了 10 分钟，人的精神就会出现懈怠。微课抓住学生注意力的黄金点，可以保证学生学习的质量。

微课视频在设计上以短小精悍为立足点，从学生的角度出发，引导学生关注知识的生成，使学生更容易学会知识、掌握方法，让学生在学习中获得快乐，在快乐中掌握知识，为提高教学效率提供保障。

微课资源的容量虽然较小，但是在资源和形式上多种多样。微课教学有多种设计类型，可以分为讲授类、演示类、实验类、自主学习类、探究学习类等。微课支持多种新型的学习方式，翻转学习、混合学习、移动学习和碎片化学习是其最主要的学习方式。

根据学生使用目的，可将微课用于课前知识的预习，或用于有启发性的导入、书本教材的解读、课堂知识的拓展、重难点的突破、经典例题的评析、历年考点的总结、解题方法和技巧的展示、阶段性知识的归纳，微课的应用与学校课程的关系紧密。通过几分钟的微课学习，把题型精讲、考点归纳、教师的教学经验等相关知识传递给学生，不仅形式多种多样，还能达到对课堂教学内容进行补充和延伸，以及使学生对学科知识理解得更加深刻的目的。

微课视频的设计遵循画面简洁的原则。简洁是微课资源从内容到形式一以贯之的要求，尽管具体的细节因人而异，但目标是一致的，那就是希望在知识讲解循序渐进的过程中酝酿一种流畅的美感，使学生更清晰地接收教师想要传达的内容，更专注地理解内容所包含的各种关系。

4. 微课教学效果反馈及时

微课教学模式的评价手段强化了调查问卷所做的答复、访谈、小论文、学生档案记录的功能，将过程性评价方法和总结性评价方法结合起来，更及时地对学生和教师的成绩进行评价和考核。

因此，微课是有别于传统单一教学资源的，是在其基础上演化和发展起来的一种新型教学资源，它赋予了教学课堂更大的活力，提高了教学效率，促进了信息化教学的发展。

（二）微课的设计原则

“以学生为主体”一直都是微课设计的核心理念，在制作微课时，它也被作为一个准则。微课利用视频作为媒介，通过互联网进行传递，它是一种能够让学生独立欣赏和掌握的数字教育工具。根据其应用目标与手段，微课主要有以下三种作用。

①它是对传统课程教育的一种补充，能够帮助学生进行额外的复习，弥补他们在课程学习中的不足。

②它是一种翻转式教学，能够帮助学生吸收新的知识。

③它是一种扩展式教育，能够满足学生对个性化学习的需要。

从上述微课的作用可以看出，微课主要是提供给学生的一种用于自学的信息化学习资源，并非教师用于课堂讲授的教学资源。有学者更加深刻地指出，微课的出现是教育资源建设重心由助教向助学转变的重要契机。因此，无论出于何种使用目的，对微课的认识要强调以下几点：第一，微课的使用对象是学生，不是老师；第二，微课的主要使用时间是课外，不是课内；第三，微课的主要使用地点在教室以外，不是教室之内。

微课作为一种让学生自主学习的在线教学工具，其实现理想的应用效果需要满足两个关键因素：一是实用性；二是吸引人。否则将无法吸引学生的关注。因此，微课的构建必须以学生为核心，如果偏离了这个核心，就可能会陷入“建立—闲置—浪费”的循环。在微课设计中，对“以学生为核心”的理解包括以下三个方面。

其一，视听传播方面。首先，从微课的内容来看，学生最需要获取的信息是知识和技能本身，而非完整的教学过程。因此，一些与教学无关的元素和环节，如教师的个人形象、课堂提问、小组讨论甚至学习竞赛等都可以被忽略。微课并非传统课堂录像的缩小版，无需展示教学过程，只需呈现知识内容。其次，从微课的信息传递方式来看，需要学会用学生的视角观察画面，例如，在拍摄实验操作、乐器演奏、手工制作、运动技巧等主题的镜头时，必须从学生易于观察、模仿和学习的视角进行拍摄，并根据学生的视线采用俯视、同侧拍摄等方法来制作画面。画面应该主要展示学习内容，而不是展示教师或教学活动的全貌。同样，音乐制作应确保学生能够清晰地听到音乐，感觉舒适，并且要注意背景音乐的可控性等。

其二，教学思路方面。在传统课堂教学中，教师一般习惯依据学科的知识体系展开教学，其优点是逻辑清晰、结构完整、教学效率较高。但是在微课的设计中，严格依据学科逻辑结构、遵循教师教学思路的设计却不容易维持学生的兴趣和注意力。一节出色的微课需要突出教学目标的独特性，利用学生的思维方式来进行教学内容的构建，根据学生的兴趣、关注点将教学内容拆分成一系列的小问题，并按照学生的问题思考方式进行内容的阐述。

此外，教师还可以灵活地运用归纳总结、联系对比、案例分析和逻辑推理等设计方法。简而言之，教师需要擅长分析学生的特性，根据学生的思维重新组织知识的展示顺序，真正实现教学过程中“以学生为核心”。

其三，心理感受方面。微课是一种提供“一对一”个性化教学服务的工具和资源，这是微课与其他教学资源的主要区别之一。微课是供学生独立使用、反复观察的，需要传达出与集体教学不同的、一对一教学的亲切感，以此来缩小教师和学生的心理距离。真正以学生为核心的微课，就是“我站在你面前，我为你解答”。然而一些教师在制作微课时往往忽略了学生的心理感受，他们在录制微课时会模仿公开课或示范课的方式，这样的话，他们的声音就会不自觉地变得生硬、呆板、不自然。另外，有些教师并不习惯面对计算机进行教学，他们无法找到与人交流的感觉，因此他们的语音显得不自然，无法在情感上传达出亲切感和感染力。

（三）微课应用与高校教师信息化教学能力

微课应用不仅丰富了教育教学资源，促进了教育教学模式改革，提高了人才培养质量，而且丰富了提升高校教师信息化教学能力的途径。高校教师信息化教学能力包括信息化教学设计能力、实施能力、评价能力和研究能力，高校教师借助微课的设计、开发与应用可以集中体现并发展这些信息化教学能力。

1. 微课促进教师信息化教学设计能力发展

教师进行信息化教学设计不只是按照预定的教学目标，提前规划教学步骤、挑选教学材料、制定教学策略、挑选教学手段，同时，这也是一种展示教师系统性和全局性思考的过程。教师信息化教学设计的能力就是采用系统化的方式，以学生为核心，充分发挥现代信息技术和资源的作用，科学地规划教学流程的每一个环节和元素，从而达到最佳的教学效果。在选择微课的主题时，教师需要对知识点进行分类和筛选，这一步骤不只展示了教师对教学素材和内容的理解和把握能力，同时也有助于教师更深入地整理各个知识点的关联性。微课的课件设计不同于传统课堂授课课件，其设计理念从传统的“辅助教师讲解”转变为“适合学生自主学习”，需要加入大量的媒体资源，更能体现教师使用技术工具的水平。此外，整个微课的设计制作过程本身就是一种精细化的教学设计过程，在教师设计制作微课的过程中，不仅需要使语言表达精练，选取关键概念和知识点，而且需要对教学设计本身进行重构，注重为学生提供互动性、针对性强的学习素材和学习活动。

2. 微课促进教师信息化教学实施能力发展

教师的信息化教学实施能力反映了他们为了保证教学过程的顺利进行和实现预定的教学目标而运用各种工具和方法的能力。在教学过程中，教师需要对教学过程进行规划、检查、评估、反馈、控制和协调，这是教师思维能力和应变能力在教育教学活动中的具体表现。优秀的教学技巧涵盖了语言沟通技巧、知识融合技巧、教师与学生的协作技巧以及教学资源的应用技巧等。尽管微课的内容简洁、主题单一，但为了吸引学生，微课更加重视教学对象的多样性、教学策略的适应性和教学资源的丰富性。微课不仅可以在课堂教学中的开场环节、总结环节使用，还能协助学生在课前预习或课后查找并补充知识点。因此，微课在教学全过程的可应用性要求教师具有较强的信息化教学实施能力。

3. 微课促进教师信息化教学评价能力发展

信息化教学评价能力包括教师对教学活动的计划、安排、检查、评价、反馈，以及教师对教学活动的适时调节、矫正和自我控制。教师通过信息化技术和手段，收集学生学习微课视频和完成学习任务的过程及效果的数据。根据数据对学生的学习过程和效果进行科学分析，并做出恰当的评价和反馈，对学生进行差异化、有针对性的指导，同时反思自己的课程设计和实施效果，对后续教学内容的融合进行调节和纠正，以进一步提高教学设计和实施水平。

4. 微课促进教师信息化教学研究能力发展

微课的运用不仅能提高高校教师的信息化教学设计、实施和评价能力，同时也对提升教师的信息化教学研究能力、推动教师专业成长有着巨大的帮助。在信息化时代，网络资源也在共享，一套完整的微课不仅包含一系列的微视频，还包括一系列的微课件、微任务等辅助教学资源，这些都包含了教师的教学理念和教学设计，展现了教师长期积累的教学经验和教学智慧。教师利用微课教学资源平台与来自全国乃至全世界的同行结成教学实践的共同体，与他们交流、切磋、分享彼此的教学经验和教学智慧，实现教学风格、观念、技能的模仿、迁移和提升，把隐性知识转化为显性知识，并运用于教学实践与专业发展过程之中。因此，微课资源平台为教师提供了一个学习研讨的网络社区，微课视频的共享不仅为教师提供了交流学习的契机，在与同行切磋的过程中，教师的批判性思维能力和反思能力也得到了提高，一方面优化了教学实效，另一方面提高了教师的教学反思和研究能力。

第四节　举办信息化教学能力竞赛

参加竞赛是强化和快速提高参赛者能力的好办法，因为在备赛期间，参赛者会对自己提出较高的要求，广泛地收集参赛项目涉及的背景知识，对竞赛知识和技能主动地、高强度地反复训练，不断打磨和演练自己的展示材料和竞赛内容，使其成为自身知识和技能的一部分。

为了提高教师的教学能力，面向教师的各类教学竞赛常年举办，参加过竞赛并获奖的教师往往更有机会成为某个领域、学科专业或课程的骨干教师、专家学者。进入 21 世纪，针对高校教师信息化教学能力的赛事也逐渐出现，成为快速提高高校教师信息技术应用能力的通道。我国面向高校教师的主要教学竞赛活动如表 4–4–1 所示。

表 4–4–1　全国高校教师教学竞赛活动一览表

竞赛类型	竞赛名称	举办单位	举办时间
综合类教师教学竞赛	全国高校青年教师教学竞赛	中国教科文卫体工会全国委员会	8～9 月
	全国高校思想政治理论课教学展示活动	教育部社科司	7～9 月
	卓越大学联盟高校青年教师教学创新大赛	卓越大学联盟	6～10 月
学科类教师教学竞赛	全国高校多媒体课件大赛	中国教育战略发展学会、教育部教育管理信息中心、教育信息专业化委员会	3～10 月
	全国高校微课教学比赛	教育部全国高校教师网络培训中心	4～10 月
	全国高校混合式教学设计创新大赛	上海交通大学	4～8 月
	中国外语微课大赛	中国高等教育学会、高等教育出版社	5～11 月

组织教师参加信息化教学能力竞赛有助于提高教师信息化教学水平，在比赛过程中，为了取得更好的比赛成绩，参赛教师会更加严格要求自己，学习更多的知识，掌握更多的教学手段，丰富自身的教学经验，还可以通过观看其他教师的比赛过程对自己进行总结反思，取长补短，在不断的实践交流中提升个人的信息化教学能力。

第五章　高校教师信息化教学资源的获取与运用

本章为高校教师信息化教学资源的获取与运用，主要对信息化教学资源概述、国内常见的信息资源检索平台、高校教师信息化资源的获取方式和高校教师信息化资源的加工方法四个方面进行了详细阐述。

第一节　信息化教学资源概述

一、信息化教学资源的概念

教育行业的进步使得教学资源的构建变得至关重要，教学资源的构建已经成为所有学校教学任务的核心之一，并且越来越受到教师的重视。广义上的教学资源是指在教学过程中提供服务的各类人和物，如教师的言语、动作、视频、音频、图像等。教学资源的狭义定义是指在教学过程中所采用的各类硬件设备和承载信息的各类软件设备，如书籍、投影设备、视频展示设备、录像机、教学图片、教学模型，以及网络上的各类音频、视频、动画等。

一般来说，信息化教学资源被归类为信息资源的一种，是一种独特的教学资源，它是经过精心挑选和组织形成的，对学生个人发展有益的有序信息的汇总。

本章将探讨的信息化教学资源主要包括大量的教育信息，它们在学习和教授的过程中能够通过使用者的使用产生一定的教育价值，并且这些信息化教学资源都以数字的方式存在，可以在网络上传播。

二、信息化教学资源的分类

从信息技术的角度看，我们可以把教学资源分为媒体素材类教学资源、集成类教学资源、网络课程类教学资源三大类。

（一）媒体素材类教学资源

媒体素材类教学资源是教学信息传播的基本材料单元，可分为文字资源、图形／图像资源、音频资源、动画资源和视频资源五大类。

1. 文字资源

文字作为一种重要的信息传递工具，其主要功能是通过特定的符号来传达信息。在我们的日常生活中，文字无处不在，如各类报纸、杂志、书籍和网络上的各类文章等。在教育和学习的过程中，教科书和练习册等主要通过文字来传递信息。由于在网络信息传递过程中，文字的使用不仅包括字体、字号大小和颜色的变化，还有新的扩展，因此通常用“文本”这个词来描述网络上的“文字”。

2. 图形／图像资源

在教学过程中，图形是一种独特的资源。由于其较为抽象，因此在传递信息时所包含的数据量相对较少。图形具有数据量小且不易失真的特性，因此在多媒体教学和网络传播中被广泛使用。从最终的展示效果来看，图形与静态图像并无显著差异。

图像也是一种独特的教育资源。在信息技术背景下使用的图像与报纸、杂志和电视所使用的图像相比，具有以下特性。

①信息丰富。在信息技术环境中使用的图像色彩丰富且层次分明，能够真实地再现生活场景（如照片），因此其所包含的信息量相当大。通常，我们会使用数字技术将图像压缩并储存在服务器上。

②具有很高的选择性。静态图像的逼真度、生动性和形象性都极高，能够提供优质的感知素材。由于图像数量众多，传达的信息也相对丰富，因此观众在通过图像获取信息时有很大的选择空间。观众可以根据自己的需求和喜好来选择图像，将其存储在自己的电脑上，或者打印出来以便后续慢慢欣赏。

③观众可以对图像进行放大、缩小和编辑。在报纸和杂志上发布的图像，其尺寸是不可更改的。在信息环境中使用的图像，观众可以通过点击来放大或缩小，也可以使用专门的软件来进行编辑和修改，例如，图像处理软件能够将图像处理成油画、水彩画、浮雕等效果。

3. 音频资源

音频即声音。音频可以分为波形音频、数字音频和 MIDI 音频。其中，波形音频是最直接的声音记录方式，对于记录和播放的环境要求并不高，因此在媒体教学软件中得到了广泛的应用，但其缺点在于数据量较大。数字音频也被称为CD-DA音频，是国际上高质量立体声的标准。MIDI音频的播放需要依赖解码器，因此对环境的要求相对较高。然而，由于其数据量较小，非常适合在需要背景音乐的场合使用。

音频是一种过程性的信息，它有助于定义和阐述画面。在教学过程中恰当地使用音频，不仅可以传递教学信息，引导学生积极利用听觉来接受知识，还能够集中学生的注意力，培养学生的学习情感，并激发他们的学习潜力。

4. *动画资源*

动画的核心概念就是持续展示各种图像，这些图像会在观众眼前产生持久的改变，这就相当于对实际运动情况的转换和再现，其原理和电影、电视的原理相同，都源自视觉的力量。通常，为了传达信息，所有的动画制作都必须依赖特定的设备才能完成。根据动态展示的方法，将这些动画划分为“完美动画”与“局限动画”，前者更倾向于模仿真实的动态行为。而从空间视觉感受的角度划分，动画被划分为二维动画和三维动画。按照播出的效果，我们则将其划分为连续性的动画（即顺序动画）与反复的交互性动画（即反复动作）。按每秒展示范围的不同，可以将其划分为全动画和半动画。

在制作动画的过程中，忽略了事物运动和变化的次要元素，强调了其核心要素。这样做有助于更好地描绘事物的运动和变化过程。此外，经过精心设计的动画更具生动性和趣味性，有助于激发学生的学习热情和积极性。

5. *视频资源*

同动画媒体相比，视频是对现实世界的真实记录。视频能够展示事物的细微之处，适合呈现一些对学生来说较为陌生的内容。视频的信息丰富，具有更强的影响力。通常，视频会使用声音和图像的复合格式，也就是在展示事物图像的同时还会配备解说或背景音乐。毫无疑问，视频在展示丰富多彩的画面的同时，也可能会传递大量无关的信息，如果不进行辨别，就可能成为学生学习的干扰。

（二）集成类教学资源

集成类教学资源通常是指根据特定的教学目标和应用需求，有效地整合多媒体素材和资源形成的一种综合性资源。根据这些资源的实际使用方式，可以将其划分为以下几类，包括课件与网络课件、案例、操作与练习类资源、虚拟实验类资源、教育游戏类资源、电子期刊类资源、教学模拟类资源、教育专题网站、研究性学习专题、认知工具类资源和探究性学习对象等。

下面就常用的集成类教学资源进行简单介绍。

①题库：题库是根据特定的教育评估理论，在计算机系统中构建的某一学科题目的总和，是基于数学模型构建的教育评估工具。

②试卷：试卷是用于多种类型测验的成套标准题目。

③教学软件：教学软件是用于对一个或几个知识点进行全面教学的工具，根据运行平台的不同，可以分为网络版和单机版。网络版的教学软件需要在标准的浏览器中运行，并且能够在网络教学环境中被大家共享。单机版的教学软件可以通过网络下载并在本地电脑上运行。

④案例：案例是由各类媒体元素构成的，具有实际指导和教育意义的代表性事件或现象。

⑤文献资料：文献资料包括教育领域的政策、法规、条例、规章制度、重要文章、书籍，以及对重大事件的记录等。

⑥常见问题的答案：这些答案对教育领域中最常见的问题进行全面的解释。

⑦资源目录列表：列出了教育领域内相关的网络资源地址链接和非网络资源。

（三）网络课程类教学资源

网络课程是指通过互联网展示的某一学科的教学内容和实施的教学活动的总和，它由两个部分构成：根据特定的教学目标和策略组织的教学内容以及网络教学的支持环境。在这里，网络教学的支持环境主要包括用于支持网络教学的软件工具、教学资源以及在网络教学平台上实施的教学活动。网络课程顺应了人们对终身学习的需求，为人们随时获取新知识提供了便捷和强大的支持。

三、信息化教学资源的特点

教学资源如书籍、报纸、杂志等，往往会因环境和条件的影响而损坏；录像带如果长时间处于干燥环境可能会出现磁粉脱落问题，或者由于环境过于潮湿导致粘连等问题。随着信息科技的进步，现代化的教学资源弥补了传统教学资源的不足，特别是在网络科技飞速发展的今天，信息化教学资源呈现出以下特点。

（一）存储与传播的数字化

数字化是计算机数据处理和网络传播的本质特性。当今世界，各行各业的信息都趋于数字化，由计算机和计算机网络构成的信息处理系统和信息传输系统已将世界的各个角落连为一体，信息的处理、加工、传输等，都是以数字化方式进行的。就像构建物质世界的基础是原子，计算机处理的数据则是以 0 和 1 两种形态存在的，网络信息世界的基础元素也是以 0 和 1 两种形态存在的。无论是各种各样的图像，还是悦耳动人的声音，最终都是通过 0 和 1 两个数字信号的不同排列方式来呈现的。

（二）教学资源的丰富性

网络的无限空间使得我们能够传递各种媒体教学资源，如文字、音频、视频和动画等。这不仅打破了传统教育中单一的教学信息模式，也极大地扩展了教学资源的多样性，满足了各种层次的学生对学习的需求。网络信息传递的速度和效率极高，这使得它能够迅速且新颖地呈现当前科技教学的内容，不受地域、学校或专业的限制；可以通过模拟图书馆或教学资料库的方式收集大量相关的专业知识，展示学科最新的发展趋势，提供不同学科的各种教学内容，学生能够及时获取适合自己的教学资源，如最新的教学大纲、教学资料、网络教程、各类教学软件、各类参考文献、全国各地教育管理部门的各类教育政策、网络期刊、各类动态信息，如新闻、会议通知、消息等。

（三）教学资源的开放性

网络的飞速发展使得教育资源展现出了空前的开放性。这种开放性主要体现在，教育资源彻底颠覆了物理上的空间观念，无论是从北京到上海还是从北京到纽约，网络上的距离都是一样的，实际的地理隔离已经消失，网络上的教学资源可以随时获取和使用。

（四）教学资源的可扩展性

传统的教学资源可加工性、可处理性较弱，且不易推广应用，如教学挂图、教学用具等，很难进行再加工。信息化时代完全打破了传统教学资源的这种限制，使得教学资源具有较大的可扩展性，学生可以在现有资源的基础上进行横向扩展和纵向的精加工，以满足不同学生或同一学生不同时期的学习需要。

（五）教学资源的再生性

信息时代是一个富有创造性的时代。信息时代的教学资源可以在学生的积极参与下，通过信息技术对知识的整合、再创造实现教学资源的再加工、再创造，丰富其内容。

（六）教学资源使用的灵活性

互联网技术突破了传统教育资源的时间和空间限制，让学生在学习过程中能够随心所欲地选择课程、教师、学习进度和时间，并能通过互联网获取他们想要的课程和信息。此外，学生在网络上的学习方式既可以是实时的，也就是说，不同地区的教师和学生都能在同一时间参与教学；也可以是非实时的，也就是说，教师会提前把教学内容储存在服务器里，学生则可以根据自己的时间来安排学习进度，学习的方式包括在互联网上下载资料，无论何处，只要有电脑、网络，都能成为学习的环境。此外，学生也能利用互联网向教师提出疑问，并与其他同学展开交流。

（七）师生在学习活动中的交互性

在传统的教育模式下，虽然教师和学生可以进行同步的交流，但是受到时间和地点的限制。然而，在信息技术的背景下，网络资源改变了以往书籍、报纸、杂志等印刷物以及广播等电子信息的单向传递方式。教师利用网络工具进行教学，打破了时空的限制，学生可以选择同步或者不同步的学习方式，教师和学生、学生和学生之间可以进行双向或多向的信息交流。双方有能力通过文字、音频、视频等多种方式进行信息的传递。

第二节　国内常见的信息资源检索平台

一、中国知网

中国知网即中国知识基础设施工程（China National Knowledge Infrastructure，CNKI），是以实现全社会知识资源传播共享与增值利用为目标的信息化建设项目[①]，由清华大学、清华同方发起，始建于1999年6月，为全社会知识资源高效共享提供丰富的知识信息资源和有效的知识传播与数字化学习平台。

（一）数据库

中国知网主要包括以下数据库。

① 张小娟．中国图书情报知识图谱实证研究[M]．青岛：中国海洋大学出版社，2018．

1.《中国学术期刊网络出版总库》

《中国学术期刊网络出版总库》被誉为目前全球规模最大、持续更新的中文期刊全文资料库，其中包括了学术、技术、政策引导、高级科普和教育相关的期刊，涵盖了自然科学、工程技术、农业、哲学、医药、人文社会科学等多个领域。该资料库已经收集了从 1915 年开始发行的超过八千种期刊（部分期刊可追溯到创刊时间），并且其文本资料的总量超过 4 800 万篇。

2.《中国学术期刊全文数据库》

《中国学术期刊全文资料库》是目前我国独有的学术期刊全文资料库。该资料库包含 10 个主要类别：基本科学、工程技术、农业、医疗保健、哲学、人类学、社会科学、信息科技以及经济学和管理学。在 10 个类别中，有 168 个主题。到 2022 年年底，已经包含了 706 种在我国发行的关键学术期刊，并且已经积累了超过 20 万篇的相关文章。

3.《中国博士学位论文全文数据库》

《中国博士学位论文全文数据库》是一个内容丰富、质量优秀、数据标准而且相当实用的博士学位论文全文数据库。其涵盖了基础科学、工程技术、农业、医学、哲学、人文和社会科学等多个领域，现在已经收集了超过 30 万篇来自 431 个教育机构的博士学位论文。

4.《中国优秀硕士学位论文全文数据库》

《中国优秀硕士学位论文全文数据库》的涵盖范围广泛，包括基础科学、工程技术、农业、医学、哲学、人文、社会科学等多个领域。目前，该数据库已经汇集了 719 家教育机构的超过 240 万篇杰出硕士学位论文。主要包含多所国内顶尖大学以及中国科学院、社会科学院等顶尖科研机构的杰出硕士论文以及通信、军事学、中医药等关键学科的杰出硕士论文。

5.《中国重要会议论文全文数据库》

《中国重要会议论文全文数据库》主要汇集了 1999 年至今国家级别的学术团体、协作组织，大学，科研单位，政府部门主持的主要会议，以及国内举行的国际性会议中的论述。这些资料 80% 以上来自全国范围内的会议，而一些持续举办的关键会议的研究成果则可以追溯到 1953 年。

6.《中国重要报纸全文数据库》

《中国重要报纸全文数据库》是我国第一个以学术和资料类型的报纸文献为出版主题，并且持续更新的报纸全文数据库，包含了自 2000 年起在国内公开发布的 500 多种重要报纸上的学术和资料类型的文献，并且数据库内容始终保持着动态的更新。目前，该数据库已收录报纸全文文献 1 000 多万篇。

7.《国际会议论文全文数据库》

《国际会议论文全文数据库》主要汇集了自 1999 年以来，由中国科学技术协会以及其他重要会议主办方举办的在国内举行的国际会议上发表的文献，部分关键会议文献可以追溯到 1981 年。至今，已经收录并出版了 4 152 本国际学术会议论文集，总计文献数量超过 70 万篇。

（二）资源检索

中国知网提供了强大的检索功能，具有多种检索方式。检索方式分为分类浏览、基本检索、高级检索、专业检索、作者发文检索、科研基金检索、句子检索、文献来源检索等。检索词匹配方式包括精确匹配和模糊匹配，用以提高查全率或查准率，可节省检索时间，提高检索效率。本书主要介绍“分类浏览”“基本检索”和“高级检索”。

1. 分类浏览

分类浏览是针对文献的学科特性所提供的一种查询方法。中国知网首页提供对单一学科或单一期刊的文献浏览服务，浏览方式如下。

①按文献学科领域浏览：在“文献全部分类”的专辑／学科领域列表（或高级检索页面的“文献分类目录”下的“选择学科领域”）中提供了 10 个专辑、168 个学科分类，可按学科进行浏览。

②按出版物类型和题名浏览：在“特色导航”栏，可按期刊大全、会议、年鉴、工具书、报纸、博士学位授予单位、硕士学位授予单位、机构导航、基金、学科专业图书馆等类型进行浏览，部分资源还可以再选择“专辑导航”或“首字母导航”方式进行浏览。其中，“专辑导航”包括自然科学与工程技术、人文社会科学、优先出版期刊导航、独家授权期刊导航、总库收录期刊导航、数据库刊源导航、刊期导航、出版地导航、主办单位导航、发行系统导航、期刊荣誉榜导航、世纪期刊导航、核心期刊导航、中国高校精品科技期刊。浏览方式可按首字母导航浏览，即按出版物名称首字母 A～Z 顺序浏览。

2. 基本检索

基本检索是系统默认的检索方式。该方法类似搜索引擎检索，可直接在查询框中输入检索词，实现文献的模糊查询，是简单、快捷的文献检索方式。对于一些检索范围较大的查询，建议使用该检索方式。检索过程归纳为以下四个步骤。

第一步：选择检索字段，系统提供全文、主题、篇名、作者、单位、关键词、摘要、参考文献、中图分类号、文献来源共计 10 个检索字段。

第二步：在查询框中输入检索词，查询框内多个检索词默认为逻辑“与”运算，每个检索词之间需要插入一个空格。

第三步：单击“检索”就可以查到相关的文献。

第四步：对检索结果进行分组排序，反复筛选并修正检索方式以得到最终结果。

3. 高级检索

相对于基本检索而言，高级检索是数据库检索中使用比较多的一种检索方式。高级检索可使用多于基本检索的设置构造检索策略 / 表达式，以便精简检索结果。高级检索功能包括字段检索、布尔逻辑检索等，利用这些功能可以实现精确查找文献的目的。

高级检索方法具体有以下几种。

（1）选择数据库（文献类型）

知网平台提供 60 多个数据库检索，可选择单一数据库检索，也可同时选择多个数据库进行文献（跨库）检索。其中，《中国学术期刊网络出版总库》范围包括工程索引（EI）期刊、科学引文索引（SCI）期刊、中文社会科学引文索引（CSSCI）期刊。

（2）选择文献分类目录（学科领域）

检索数据库时，通过使用学科领域导航达到控制检索范围、提高检索准确率及检索速度的目的。可在“选择学科领域”10 个专辑列表中选择相应的专辑并勾选，如果不作选择，系统默认为“全选”。单击“清除”，可一次性清除全部所选导航类目。

（3）确定检索时间范围

可以在“发表时间”查询框内单击鼠标左键激活时间选项，选择确切的检索时间范围；也可以通过“更新时间”下拉菜单选择最近一周、最近一个月、最近半年、最近一年、上一年度等更新时间。

（4）选择检索字段

在组合式检索框里，我们可以通过下拉菜单来选择需要检索的字段，这些字段包括主题、篇名、关键词、摘要、全文、参考文献和中图分类号等七个部分，选择这些字段可以缩小或扩大检索的范围。在检索字段下拉菜单中，列出的字段名称是从所选数据库中收集的共性检索点，不同类型的文献数据库会导致检索字段的数量和名称有所差异。设定检索条件（词）的数量：在组合式检索框里，“+”和“−”分别代表可以增加或减少逻辑检索行。

（5）输入检索词

在组合式检索框里输入搜索词或者词组。搜索框的右侧设有词频选项，词频代表了搜索词在对应搜索项目中的出现次数。如果词频为空，意味着只出现了一次；若是数字 *n*，那么就意味着至少出现了 *n* 次。

（6）确定布尔逻辑运算或组配关系

在组合式检索框中，各个查询框均按“并且”“或者”“不含”三种逻辑关系进行组合检索。三种逻辑运算关系的优先级相同，即按先后顺序进行组合，先左后右，先上后下。

（7）选择检索模式

确定检索词与标引词之间的匹配程度，有模糊匹配和精确匹配两种模式。

模糊匹配是一种与搜索词大体相似但并非完全一致的匹配策略。这种策略能够将搜索词或其中的单词元素，也就是同义词／近义词的搜索纳入考虑，从而增加搜索的完整性。

而精确匹配则是一种与搜索词完全吻合的匹配策略，在搜索结果里加入与搜索词完全一致的词汇能够增加精确度。

（8）其他检索控制条件

检索控制的标准有文献出处、资助基金、中英文扩展搜索以及作者的单位等选项。中英文扩展搜索的控制标准是指根据输入的中文搜索词，自动搜索对应中英文词汇的一种搜索管理功能。只有当“匹配”选项为“精确”时，“中英文扩展”功能才被允许运行。

上述检索条件确定之后，单击“检索”按钮，所有命中文献按篇名及题录信息列表显示。

二、维普中文期刊数据库

重庆维普资讯有限公司前身为中国科技情报所重庆分所数据库研究中心。自1993年创立以来，该公司一直专注于电子信息资源的研究、开发和应用，成为中国数据库产业的先驱者。公司的业务领域涵盖了数据库的出版发行、电子期刊的出版发行、网络信息服务、网络广告推广以及文献资料的信息化处理等多种个性化服务。

“维普资讯网”于2000年创立，如今已经跻身全球知名的中文信息服务平台之列。2005年，维普资讯网与全球最大的搜索引擎供应商谷歌（Google）达成战略协作，成为谷歌在中国的主要合作伙伴，并且成为“谷歌学术”网站中最大的中文内容供应商。

（一）收录范围

《中文科技期刊数据库》是重庆维普资讯有限公司的核心业务，该数据库汇集了超过12 000种中文期刊（包括近2 000种核心期刊），总计2 300多万篇文章，每年文献数量以200万篇的速度增长。此外，还收录了3 000多万条的引文。该数据库有三个版本（包括全文、文摘、引文）以及八个专题（社会科学、自然科学、工程技术、农业科学、医药卫生、经济管理、教育科学、图书情报），并且会按照规划的时间表进行发布。该系统已经服务于5 000多家包括大专、中专、职业教育、公共图书馆、科研单位、政府机关、商业实体，以及医疗机构在内的数千万用户。

（二）资源检索

登陆维普主页，或者从相关图书馆的维普链接可以进入维普数据库的检索页面。在维普的主页上提供快速检索页面，可以由此进行简单的文章搜索。选择维普主页右上角的“维普专业检索”，则进入维普的专业检索页面。

在专业检索页面，维普提供了四种主要的检索方式：快速检索、传统检索、高级检索和期刊导航。此外进入其传统检索后，维普还提供了分类检索。单击某个标签项便可进入相应的检索方式。

1. 快速检索

打开维普数据库主页，或者点击维普主页右上角的“维普专业检索”后进入的页面的默认检索方式即“快速检索”。在这种检索方式下，用户直接在下拉菜单中选择自己想要的检索项（检索字段），其默认方式是“题名或关键词”，然后在检索框中输入对应的检索内容，点击“搜索”则可得到想要文章的检索结果列表。不过这种检索结果较为粗略。如果用户想要进一步得到准确的结果，可以在检索结果列表的页面选择相应的条件“在结果中搜索”“在结果中添加”“在结果中去除”“范围”“年限”等进一步限定检索条件。

2. 传统检索

传统检索方式是维普数据库最常用的检索方式。在检索时，用户应首先对自己需要检索的课题所涵盖的学科范围进行限定，在系统栏的左上角提供两种限定方式，一种是“专辑导航”，一种是“学科导航”。前者根据维普数据库的专辑或专题进行范围选择，后者根据《中国图书分类法》的22个大类进行限定。

在传统检索页面上部提供了“检索入口”即检索字段的选择。当选择“关键词”检索时，如果将检索入口上方的“同义词”圈选上，在输入检索词并单击“检索”按钮时，系统会自动提示所输入的检索词的同义词、近义词或是关联词，帮助用户扩展检索条件，得到更好的检索效果。当选择“作者”或者“第一作者”检索字段时，如果圈选页面右上角的“同名作者”，则可以进一步限定作者所在的工作单位，以得到更准确的检索结果。在“检索式”输入框中，既可以输入单个的检索词，也可以输入检索词、字段代码及逻辑算符一起编成的布尔逻辑表达式。

如果检索结果特别多，则可以在检索结果的基础上输入相应的条件点击“二次检索”进一步修改检索策略。如果觉得检索结果不太准确，可以重新进行检索。如此反复，最终得到自己想要的结果。

3. 高级检索

高级检索一般适用于对表达式编制比较熟悉的用户。系统提供了5组检索框，用户可以对检索字段进行逻辑“与”（并且）、逻辑“或”（或者）、逻辑“非”（不包含）三种运算，还可以对检索的学科范围、时间跨度、期刊种类进行限制。

在高级检索页面下方，系统提供了直接输入检索式的窗口，用户也可以直接输入表达式进行检索。

值得注意的是，逻辑算符必须在英文半角状态下输入，算符前后不能有空格。

4. 期刊导航

期刊导航可以了解一种期刊的出版信息，了解其性质、级别、刊期、出版地、编辑单位、电子邮件等信息，以方便投稿；还可以像纸质文献一样，逐年逐期地阅读该期刊的电子版内容。

系统提供了三种查找特定期刊的方式：一是“期刊搜索”，即在检索框内输入期刊的刊名或中国标准连续出版物号进行查询；二是点击“查看全部期刊”后，即可根据刊名的首字母，单击页面上的字母链接，然后在系统显示的期刊列表中找出所需期刊；三是点击“查看全部期刊”后，在页面下边的“期刊学科分类导航”中，可根据刊物所属的学科单击页面的学科分类，从中找到所需要的刊物。

三、万方数据知识服务平台

在原万方数据资源系统的基础上，经过持续的优化和创新，打造了万方数据知识服务平台。该平台集合了高品质信息资源、先进的检索算法技术、多样化的增值服务以及人性化的设计特点，是国内顶尖的信息资源出版和增值服务平台。

（一）数据库

1.《中国学术期刊数据库》

《中国学术期刊数据库》属于万方数据资源系统，它汇集了7 500多种不同类别、超过100个子项目的中国数字化期刊，并且主要是核心期刊。这些期刊覆盖了诸如医疗保健、工程技术、农业科研、基础研究、社会研究、经济金融、科普教育、哲学、司法等多个学科领域。该数据库主要涵盖了我国的自然科学类统计来源期刊以及社会科学类的关键来源期刊，它也是进行关键期刊评估以及论文统计分析的重要数据来源。

2.《中国学位论文全文数据库》

《中国学位论文全文数据库》是中国科技信息研究所这个国家认可的学位论文收集单位所提供的数据库，同时也是万方加工建立的数据库。该数据库涵盖了我国从1977年至今500多家学位授予单位的硕士和博士的论文。涵盖了诸如理论物理、工程技术、人类学、社会研究、健康保健、农业研究、交通管理、宇宙飞行以及环保研究等多个专业领域。每年的论文发表量在30万篇以上。

3.《中国学术会议文献数据库》

《中国学术会议文献数据库》收录始于1983年，收录了4 000个重要学术会议的文献，年增20万篇文章，每月更新，以国家级学会、协会、部委、高校召开的全国性学术会议文献为主，目前收录国内会议文献数量较多、质量较高、学科覆盖面较广。

4.《外文文献数据库》

《外文文献数据库》是万方数据与国家科技图书文献中心合作收集的一站式统一检索数据库。外文期刊收录始于1995年，收录世界知名出版社20 000余种学术期刊，年增文献百万余篇；外文会议文献收录始于1985年，收录世界各个协会、出版机构的学术会议论文，部分文献有少量回溯，每年增加论文20余万篇，每月更新。

5.《中外专利数据库》

《中外专利数据库》收录始于1985年，收录4 500余万项专利，年增25万条，包括中国、美国、澳大利亚、加拿大、瑞士、德国、法国、英国、日本、韩国、俄罗斯等国家的专利。

6.《中国科技专家库》

《中国科技专家库》汇集了我国自然科学技术界知名专业人士的资料，详细阐述了他们在特定研究领域的工作成果和发现，并且向全球的相关研究者提供搜寻功能，以帮助他们获取该领域的最新动态。这个数据库的核心部分涵盖了30多个关键词，如个人信息、性别、就职地点、教育经历、所属的学科、研究的领域、取得的科学成就、得奖记录、已经出版的书籍以及发表的学术论文等。

7.《中国机构数据库》

《中国机构数据库》是中国企业、公司及产品数据库，汇集了国内企业信息、国内科研机构信息、国内科技信息、国内高校信息等。

8.《中国科技成果数据库》

《中国科技成果数据库》收录始于1978年，科技成果涵盖众多学科领域的新技术、新产品、新工艺、新材料、新设计等。

9.《中国法律法规数据库》

《中国法律法规数据库》收录始于1949年，数据源自国家信息中心，数据权威、专业，涵盖国家法律法规、行政法规、地方性法规、国际条约及惯例、司法解释、合同范本等。

（二）资源检索

1. 基本检索

基本检索方式类似搜索引擎，可直接在查询框中输入检索词，实现文献的模糊查询，是简单、快捷的文献检索方式。对于一些范围较大的查询，建议用该检索方式。查询框内多个检索词之间默认为逻辑“与”运算，检索词之间需要插入空格，可以查到相关文献的题名、题录及部分文摘信息。检索结果可按相关度优先、新论文优先、经典论文优先、其他（仅相关度、仅出版时间、仅引用次数）等顺序排序。

2. 高级检索

高级检索功能包括字段检索、布尔逻辑检索等，利用这些功能可以实现精确查找文献的目的。检索方法如下。

（1）选择文献类型数据库

万方数据库提供跨库检索。如果需要对某一类型的文献进行检索，也可选择单一数据库检索方式。

（2）选择检索字段

在组合式检索框中通过下拉菜单选择检索字段，包括全部、主题、题名、创作者、作者单位、关键词、摘要等，常用的检索字段有题名、关键词、摘要、主题字段。通过限制字段和字段组合，可缩小／扩大检索范围，进行特定检索。

在组合式检索框中多个检索词默认为逻辑“与”运算，检索词之间需要插入空格；不同检索字段（纵向查询框）所有检索项按“与”“或”“非”三种逻辑关系进行组合检索。

（3）选择检索模式

确定检索词与标引词之间的匹配程度。检索模式有模糊检索和精确检索两种模式。

（4）确定检索时间范围

可选择“不限”时间范围，也可以选择“从某年到某年”的确切检索时间范围。

上述检索条件确定之后，单击“检索”按钮，可以在题名列表中对所有选中文献的篇名、题录及部分文摘信息进行浏览、比较、筛选。单击选中的文献题名链接，可以进一步浏览详细信息，并且可以浏览、下载、保存全文。

3. 专业检索

在高级检索页面提供专业检索方式。专业检索需要检索人员根据系统的检索语法编制检索式进行检索，适用于熟练掌握检索技术的专业检索人员。单击页面上的“专业检索”链接，即可直接进入跨库专业检索页面。

四、网络搜索引擎

（一）搜索引擎的选择

搜索引擎通过采用某种策略并使用专门的电脑软件从互联网中收集数据，然后对这些数据进行整理和处理，为用户提供查询服务，并向用户呈现他们所需的相关信息。搜索引擎是由搜索器、索引器、检索器以及用户接口四个部分构成的。搜索器的主要职能是在网络环境中寻找和收集信息。索引器的主要职能是理解搜索器搜集的信息，从中提取索引项，用于描述文档并生成文档库的索引表。

检索器的主要职能是根据用户的查询，在索引库中迅速识别文档，对文档与查询的关联性进行评估，对即将输出的结果进行排序，并实现一种用户相关性反馈机制。用户接口的功能是输入用户的查询、展示查询结果，并提供用户相关性反馈机制。这类搜索引擎涵盖了全文搜索引擎、目录索引、元搜索引擎、垂直搜索引擎、集合式搜索引擎、门户搜索引擎以及免费链接列表等。

1. 全文搜索引擎

目前，全文搜索引擎是主流的搜索工具，如谷歌和百度。它们主要从互联网上提取各个网站的信息（以网页文字为主）建立数据库，检索出与用户查询需求相匹配的记录，并按照一定的顺序返回结果。

依据搜索数据的来源差异，全文搜索引擎可以被划分为两种类型。一种是拥有自身检索程序的全文搜索引擎（indexer），也被称为“蜘蛛”（spider）程序或“机器人”（robot）程序，它能够自行创建网页数据库，搜索结果可以直接从其中的数据库中获取，如前文提到的谷歌和百度就是这种类型的；另一种全文搜索引擎租用其他搜索引擎的数据库，并根据自己设定的格式来排列搜索结果。如 Lycos 搜索引擎。

2. 目录索引

目录索引又称分类检索，是网络上最早提供的网络资源查询服务。它主要通过收集和整理网络上的资源，根据搜索到的网页内容将其网址分配到相关分类主题目录的不同层次类别下，从而形成类似于图书馆目录的分类树结构索引。无须输入任何文字，只需要依据网站提供的主题分类目录逐层点击进入，就能找到所需的网络信息资源。

3. 元搜索引擎

元搜索引擎（meta search engine）收到用户的搜索需求，然后在众多搜索平台进行搜索，最终把搜索到的信息反馈给用户。知名的元搜索工具包括 360 搜索、InfoSpace、Dogpile、Vivisimo 等，而在中文元搜索工具领域，搜星搜索工具最为突出。对于搜索的结果分类，一些元搜索工具会根据其起始地点进行分类，如 Dogpile；而另一些元搜索工具会根据他们设立的标准对这些结果进行再次的分类和组织，如 Vivisimo。

4. 垂直搜索引擎

自 2006 年开始，垂直搜索引擎逐渐崭露头角。与一般的网页搜索引擎不同，垂直搜索主要关注特定的搜索领域和搜索需求（如机票搜索、旅游搜索、生活搜索、小说搜索、视频搜索等），这使得它在特定的搜索领域中提供了更优质的用户体验。垂直搜索的硬件成本较低且查询方法更为丰富，这与普通搜索需要数千台检索服务器有着显著的不同。

5. 集合式搜索引擎

与传统的元搜索引擎相比，集合式搜索引擎的主要差异体现在其不会一次性使用多个搜索工具来完成搜索，而需要用户根据提供的多个搜索工具来做决定。

6. 门户搜索引擎

尽管 AOL Search、MSN Search 等门户搜索引擎提供了搜索功能，但它们并未设置分类目录或网页数据库，因此其搜索结果完全取决于其他搜索引擎。

7. 免费链接列表

免费链接列表（FFAL）不仅简洁地展示了相关的链接项，而且包含了基本的分类目录，但其体积相较于雅虎等网站的索引来说显得较为微小。

（二）常见的中文搜索引擎

常用的中文搜索引擎有百度、搜狗、360 搜索等。

1. 百度

李彦宏和徐勇于 2000 年 1 月在北京中关村创立了百度搜索，他们的目标是为人们提供一种“简洁、可信赖”的信息获取方式。“百度”二字源于我国宋朝词人辛弃疾所作《青玉案》中的诗句“众里寻他千百度”，象征着百度搜索对中文信息检索技术的执着追求。

百度是全球最大的中文网站，它每天都会接收和处理数十亿次的全球各地的搜寻需求，每天超过七万的用户选择百度作为他们的首页，使得他们能够通过百度的搜索工具获取世界各地最新、最完整的中文资讯。自 2004 年以来，“遇到问题，百度一下”这个理念在中国逐渐流传，百度已经变成了中文搜索引擎的象征。

2. 搜狗

“搜狗”这款由搜狐公司精心设计的第三代交互型搜索工具，依托其卓越的科技优势，让用户在离线的情况下也能享受到顶级的全球网络搜寻成果，用户通过“搜狗”的高效搜寻，获取他们所需的信息。搜狗以其先进的智能分析技术，针对各类网站和网页实施了独特的抓取策略，这样做不仅可以让用户更加便捷地操作，优化他们的使用感受，也可以增强网站的黏性。搜狗还有效地运用其带宽资源，捕获高质量的即时信息，从而保证用户可以立即获得网络上的最新消息。

3.360 搜索

360 搜索是一种基础搜索引擎，它通过一个统一的用户界面，协助用户在众多搜索引擎中挑选并使用最适宜的（或者同时使用几个）搜索引擎进行搜索，这也是对网络上各种搜索工具的全方位管理。360 搜索是奇虎 360 公司研发的第三代基于机器学习技术的搜索引擎，拥有“自我学习、自我进化”的特性，可以找到用户最想要的搜索结果。

第三节　高校教师信息化资源的获取方式

随着教育信息化发展的迅速推进，信息化教学资源更新日新月异，熟练掌握信息化教学资源的获取方式和技巧，快速、有效地获取优质的信息化教学资源，是教师必备的专业技能。

一、信息化教学资源的日常获取

在日常生活中，信息化教学资源可以从以下几种途径进行获取。

①文本：键盘录入，扫描印刷品，语音录入等。

②图形：利用专用软件进行电脑绘制。

③图像：利用专用软件进行电脑创作，通过拍摄、扫描、电脑截屏等方式获取。

④音频：利用专用软件进行电脑创作，通过录制、光盘、录音磁带获取。

⑤视频：拍摄，屏幕录制，专用软件生成，光盘、录像带／摄像机截取。

⑥动画：利用专用软件进行电脑创作。

⑦虚拟现实（VR）：利用专用软件进行电脑创作。

二、信息化教学资源的网络获取

（一）利用互联网检索资源

1. 在搜索引擎上实现多个主题词检索

搜索引擎使用简单，只要在搜索框中输入搜索主题词，按“Enter”键或单击“搜索”按钮，搜索引擎就会在网络上搜索与该主题词相关的内容，并以列表方式将搜索结果展示出来。

选用搜索主题词要注意以下几点。

（1）保持简单

如果想要查找某个特定的公司，只需要输入公司名称，或者能想到的公司名称中的字词。如果想要查找某个特定的概念、地点或产品，首先要搜索它的名称。例如，想要查找比萨餐厅，只需要输入“比萨”和你所在的城市名或邮政编码。大部分的查询过程并不需要使用复杂的操作符或语法规则，简洁明了即可。

（2）考虑网页文字表述方式

搜索引擎本质上是一个程序，它需要依据特定的词语来寻找网络上匹配的页面。因此，我们应该选择最有可能出现在要查找的页面上的词语。例如，不应该使用“我的头很痛”这个词，而应该选择“头痛”这个词，因为这才是医疗页面会使用的词。对于人们来说，“哪些国家或地区将蝙蝠视为好运的象征”是非常明确的。然而，包含相关信息的文档可能不会包含这样的描述，因此，我们应该改为查询“蝙蝠被认为好运”，或者只使用“蝙蝠好运”这一查询方式，因为这很可能就是相关网页展示的内容。

（3）尽量简明扼要地描述要查找的内容

“天气北京”是一种查询天气的简单方法，而且与更长的“中国北京市的天气预报”相比，很可能会得到更好的结果。

（4）选择描述性的字词

词语的特殊性越强，就越有可能产生相应的效果。一般来说，避免使用描述性不足的词语，如“文件”“网站”“公司”或“信息”。需要注意的是，如果某个词语并非大多数人经常使用的，那么即便其含义准确，也可能与寻找的网页不符。举例来说，“名人铃声”的描述性要比“名人声音”更好。

如果用单个主题词无法确切表达要搜索的主题内容，可以使用多主题词搜索。在多主题词搜索前，需要将主题词按重要程度进行排序，然后在搜索框中按重要程度由高到低的顺序依次输入，各主题词间用英文状态下的空格符分开。

在查询过程中，每增加一个词，搜索结果的限制也会相应提高。如果这些限制过多，可能会导致许多重要的信息被遗漏。

2. 在搜索引擎上实现主题词精确检索

搜索引擎默认的检索方式是模糊检索，以百度为例，如果检索“教育学考试资料”主题词，在检索结果中，主题为“考试”“教育学”“教育学考试资料”的页面都会出现在检索列表中。但是将搜索主题词用英文状态下的双引号括起来后单击“搜索”按钮，检索列表中就会出现只包含“教育学考试资料”主题词的页面。主题词用双引号括起来的搜索方式为主题词精确检索，它有助于在搜索引擎上检索与主题词完全匹配的页面。

添加双引号到搜索词组，意味着百度会严格遵循这个词组的形态来寻找结果，而不会对其进行任何调整。百度搜索本质上把字词的排列顺序和组合视为一个显著的全局搜索指标，除非需要，否则不会将搜索的字词拆分。如果坚持用主题词精确检索，一方面提高了检索结果的准确性，另一方面也可能会错过若干有用的搜索结果。

3. 在搜索结果中扣除不需要的主题内容

在搜索引擎使用过程中会有这样的需求：需要在一个主题词的结果中去除某个不需要的主题，例如，需要查找“英语考试”主题下不包含“职称英语考试”的主题，但是在实际应用中搜索“英语考试”主题，搜索结果往往还是会包含“职称英语考试”的相关记录。

通常情况下，用一个关键词查询会得到很多与查询目的不相关的冗余信息。在搜索主题词后加上英文状态下的减号及需要扣除的主题词，就可以扣除不相关的冗余信息，缩小搜索结果的范围，提高搜索效率。

4. 将搜索范围限制在特定网站内

有时需要在特定网站上查找资料，但是该网站又不提供网站搜索的功能，搜索引擎的站内搜索功能可以帮助用户将搜索范围限制在特定的网站内。在主题词后添加“site”关键词，并用英文状态下的冒号引出需要限定的网站网址然后开始搜索，搜索范围就被限定在冒号引出的网站内。

5. 搜索特定格式（扩展名）的文件

如果想搜索特定格式的文件，可以在搜索框中使用“filetype”关键词，如果想搜索某一主题的文档，可以在主题词后加上英文状态的“filetype：doc”来限定搜索结果的文档类型。例如，想搜索与“计算机网络”相关的幻灯片，可以在搜索框中输入“计算机网络 filetype：ppt”后单击搜索按钮，这样就可以精准定位到关于计算机网络的幻灯片文件了。

现在大多数搜索引擎都支持这个语法，但并不是所有的格式都会支持。百度支持的格式有“pdf”“doc”“xls”“all”“ppt”“rtf”，其中的“all”表示搜索所有百度支持的文件，这样返回的结果就会更多。

6. 实现图片、视频的分类检索

在百度搜索的主页面左上角有“图片”和“视频”链接，单击链接就可以进入图片搜索及视频搜索页面，在搜索结果中，与主题词相关的条目会以缩略图方式展示在返回列表栏，用户选择需要的图片后可以下载到本地使用。视频检索方式与图片检索方式类似。

7. 一次获得多个搜索引擎的搜索结果

目前网络上常用的搜索引擎有谷歌、百度、雅虎等。对于同一个主题词，各个搜索引擎的搜索侧重点会有所不同。要想得到某一个检索主题的确切搜索结果，传统的做法是将主题词在每个搜索引擎上都进行搜索，但是这种做法费时费力。元搜索引擎可以实现同时对多个搜索引擎的搜索、整理工作。它将多个单一搜索引擎集成在一起，提供统一的检索界面，将用户的检索提问同时提交给多个独立的搜索引擎，同时检索多个数据库，并根据多个独立搜索引擎的检索结果进行二次加工，如对检索结果去重、合并等，然后输出给用户，如图 5-3-1 所示。

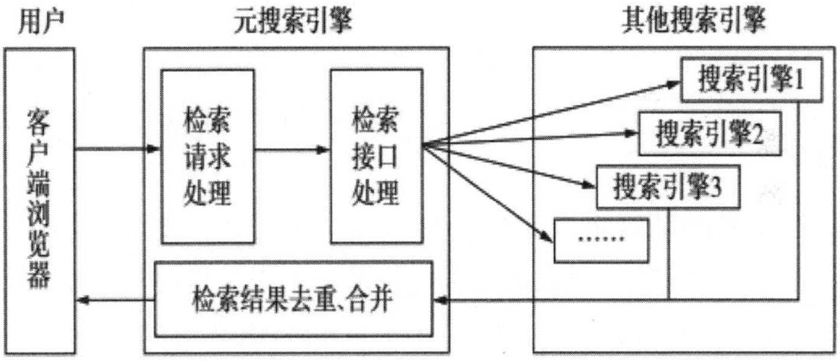

图 5-3-1　元搜索引擎示意图

常用的元搜索引擎有觅搜、搜魅等，以觅搜网为例，在打开觅搜网的首页后，在输入框中输入检索主题词后提交，从检索结果页面可以看出，觅搜搜索引擎整合了谷歌、百度、有道、一搜等多个搜索引擎的检索结果。在这里可以只查看元搜索引擎的检索结果，也可以单击页面左侧搜索引擎名称查看某一种搜索引擎的检索结果。

（二）利用互联网下载资源

1. 在线浏览或下载网络公开课资源

网络公开课的出现拉近了普通民众与耶鲁大学、哈佛大学、麻省理工学院等全球著名高校的距离，这些高校纷纷在互联网上提供本校精品视频公开课程的录像，给全世界的求知者提供了便利。

国内比较著名的公开课网站有网易公开课、新浪公开课、搜狐公开课。下面以网易公开课为例简要介绍如何在线收看和下载公开课程。

单击网易公开课首页的课程链接就可以打开公开课播放页面，公开课通常使用 flv 文件格式，因此，客户端浏览器要安装视频播放插件后才能正常播放。单击“下载”按钮，就进入了公开课下载页面，页面中列出了可供用户下载的课程列表，单击课程名称就会进入课程视频下载页面，单击页面中“下载区”的下载链接就可以下载对应的视频资源。

2. 通过资源下载网站检索及下载资源

除了使用搜索引擎进行资源获取，资源下载网站也是一个很好的资源获取方式，常用的资源下载网站有迅雷下载软件对应的狗狗下载网站以及电驴下载软件对应的 Verycd 网站等。这些网站将可下载的网络资源进行了系统分类，用户可以在网站上检索并下载资源文件。下面以狗狗下载网站为例介绍资源下载网站的检索及使用。

在狗狗下载网站首页搜索框中输入检索主题词，单击“提交”按钮，打开资源检索结果页面。在这个页面中可根据资源大小、资源格式对资源进行排序，以便用户迅速找到需要的资源。然后单击资源名称链接就可以打开资源下载页面，在这个页面中单击“普通下载”按钮就启动了迅雷软件并将该资源文件加入下载任务中，这样就可以下载该资源文件了。资源下载完成后，在迅雷软件的完成列表中可以找到刚刚下载的文件，也可以根据下载路径去查找资源文件。

第四节　高校教师信息化资源的加工方法

一、常见信息化教学资源加工软件

在教师开展信息化教学时，需要对获取的信息化教学资源进行再加工，使资源内容更加贴合教学内容，常见的加工软件如表 5-4-1 所示。

表 5-4-1　常见信息化教学资源加工软件

类型	常用软件
文字	Windows 记事本、Word、WPS、COOL 3D 等
图形	Word、PowerPoint、Photoshop 等
图像	Windows 画图、ACDSee、Photoshop、Core Draw 等
声音	Windows 录音机、Cool Edit、超级解霸等
动画	Gif Animator、Flash、Director、3D MAX 等
视频	超级解霸、Edius、Premiere、会声会影等
格式转换	格式工厂、狸窝视频转换器、Flip 数码相机视频转换器等

二、信息化教学资源加工的常用方法

（一）文本加工

1. 常用文本

常用文本的加工包括对字体、字号、颜色、段落、艺术字、页面、页码、表格等的加工。常用的 Word 文档、WPS 等都能够实现常用的文本加工。

2. 幻灯片文本

（1）字体设计原则

字体搭配效果的好坏与教学演示文稿的阅读性和感染力息息相关，实际上，字体设计也有一定的原则可循，下面介绍五种常见的字体设计原则。

①幻灯片标题字体最好选用容易阅读的较粗的字体，正文使用比标题更细的字体，以区分主次。

②在搭配字体时，标题和正文尽量选用常用的字体，而且还要考虑标题字体和正文字体的搭配效果。

③在演示文稿中如果要使用英文字体，可选择 Arial 与 Times New Roman 两种英文字体。

④幻灯片文本不同于普通文档，其正文内容不宜过多，正文中只列出较为重点的标题即可，其余扩展内容可留给教师临场发挥。

⑤在教学过程中，教师应选择较为规范的字体，如标题可以采用方正粗宋简体、黑体和方正综艺简体等，而正文则可以选择微软雅黑、方正细黑简体和宋体

等；然而，在一些相对轻松的课后环境，教师可以选择更为随性的字体，如方正粗倩简体、楷体（加粗）和方正卡通简体等。

（2）字号设计原则

在幻灯片的制作过程中，字体的尺寸不仅会影响观众的信息接收量，也会对幻灯片的专业性产生影响。

因此，字体尺寸的设计同样重要。字体尺寸的选择需要根据幻灯片展示的环境和场合来决定，所以在选择字体尺寸时需要注意以下两个因素。

①若教室的规模较大，观众人数也较多，那么幻灯片的字体应该更大，以确保在教室最远的地方都能看清幻灯片中的文字。

②同一类型和等级的标题和文本内容应设置相同的字号，这样可以确保内容的连贯性，使学生更易于将教学信息分类，也更易于理解和接收信息。

除了字体和字号，颜色也是对文本展示产生重要影响的因素。通常，我们会选择与背景颜色相差较大的颜色，以便更加直观地展示。此外，在同一篇演示文稿中，应尽量采用统一的文本颜色，只有那些需要特别强调的文本才会选择其他的颜色。

（二）Photoshop 常用处理方式

调整图像尺寸：点击“图像”菜单→点击“图像大小”子菜单→进行相应设置→点击“确定”。

调整图像色调：点击“图像”菜单→点击“调整”子菜单→点击“色相／饱和度”子菜单→进行相应调整→点击“确定”。

调整亮度、对比度：点击“图像”菜单→点击“调整”子菜单→点击“亮度／对比度”子菜单→进行相应设置→点击“确定”。

裁切部分图像：选择“选取”工具→拖选“区域”→点击“图像”菜单→点击“裁切”子菜单。

添加文字：选择文字工具→点击“画布”→输入文字→设置“字体、字号、颜色及艺术效果”→点击“确定”。

图形绘制：选取“矩形工具”→拖绘图形→图形边框填充处理。

合成图像：拖放拼图→设置“羽化、蒙版、滤镜效果”→点击“另存为”。

（三）音频、视频加工

1. 利用操作系统自带录音软件

连接录音设置（话筒）→启动电脑→点击“开始”按钮→单击“程序”选项→单击“附件”选项→单击“娱乐”选项→单击“录音机”选项。

2. 利用会声会影等专用软件

会声会影常用处理方式包括整体剪裁、部分删除、多段合并、添加字幕、转场特效处理、摄录（外部设备录制、屏幕录制）。

第六章　高校教师信息化教学课件的设计与制作

本章主要内容为高校教师信息化教学课件的设计与制作，围绕着课件制作与理论基础、课件设计与制作技巧以及课件设计与制作的高级应用三个方面进行了详细介绍。

第一节　课件制作与理论基础

一、多媒体教学

随着媒体技术的不断发展，在现代科学方法论的影响下，教育技术逐渐成为一门独立的学科体系，教育技术的应用成为教育现代化的重要标志。教育信息化的发展要求教师必须掌握计算机及网络应用，能够进行多媒体课件的开发设计制作并熟练运用课件完成教学任务。

教育界对多媒体教学的运用一直十分普遍，教师通过文字、图片、音频、视频以及动画等方式进行教学。自 20 世纪 80 年代起，多种电子媒介，如幻灯片、投影、录音、录像等被整合进课堂教学中，这种教学方法也被称为多媒体融合教学或电子教学。自 20 世纪 90 年代以来，由于计算机科技的飞速进步和广泛应用，多媒体计算机已逐渐取代了以往的多种教育工具。因此，现在我们所说的多媒体教学，是指利用多媒体计算机以及预先设计的多媒体教学软件进行的教育活动。

多媒体教学又称计算机辅助教学（computer assisted instruction，CAI），多媒体教学基于教学目标和学生的特性，通过精心设计的教学计划，合理选择并应用现代教学工具，并与传统教学方法相结合，共同参与教学全程。这种方法通过多种媒体信息对学生产生影响，形成了一个合理的教学流程，以实现最佳的教学效果。

二、多媒体素材

利用计算机科技、网络科技、通信科技以及科学的管理方式，多媒体教学能够将所有与学习、教育、研究、管理和生活服务相关的信息资源进行整合、集成和全面的信息化，从而实现统一的用户管理、资源管理和权限控制。这个方法主要是让学生能够随时通过无线网络连接到学校网络和互联网，以便他们能够轻松地获取学习资源。同时，教师也可以利用无线网络随时随地了解学生的学习进度、完成备课以及进行科研活动。多媒体教学的关键在于实行无纸化教学和扩展校园内的无线网络。

在多媒体教学中，课件的重要组成部分是多媒体素材。利用这些素材进行教学活动，不仅能提升自学过程的互动性，还能提高学生的学习兴趣，并通过视觉、听觉和触觉三个方面的反馈来增强学生对知识的吸收效果。

多媒体素材的种类繁多，如文字、图像、音频、动画和视频等，接下来将对其特性和适用的教学内容进行深入分析。

（一）文本

1. 特点

文本是在计算机屏幕上所呈现的文字内容，它是准确、有效地传播教学信息的重要媒体元素。

2. 适用的教学内容

在多媒体课件中，对于概念、定义、原理的阐述，问题的表述等都离不开文本信息。

（二）图像

1. 特点

图像能够生动、形象地呈现大量信息，使得学生更易于理解。在计算机中，图像是信息化的，图形素材属于图像素材的一种：图形是由外部轮廓线条构成的矢量图，它是一种抽象的形状，通常是计算机绘制的直线、圆、矩形、曲线、图表等。因为所包含的信息量较少，所以数据量也相对较小。图像是由扫描仪、摄像机等输入设备捕获真实画面后生成的数字图像，由像素点阵组成。它的颜色丰富，层次感强，能够真实地再现生活环境，所以其包含的信息量相当大。

2. 适用的教学内容

图像素材通常被用于描绘轮廓简单、色彩不过于鲜艳的物体，其描绘的物体可以随意放大而不会失真。图像文件的储存量通常较大，并且在放大过程中容易产生变形或者锯齿。

（三）音频

1. 特点

音频素材是一种过程性信息，有助于定义和阐述画面。此外，在教学过程中，利用音频来传递教学信息是激发学生运用听觉来吸收知识的关键条件。

2. 适用的教学内容

音频经常被用作语言讲解音、背景音乐和效果音等，标准的发音和悦耳的音乐有助于集中学生的学习注意力，培养他们的情感，并激发他们的学习潜力。然而，这种方法的缺点在于数据量较大，在课堂教学中获取音频素材相对困难。

（四）动画

1. 特点

动画是一种能够体现时间、地点、方向和速度的动态媒介，它忽略了物体运动变化过程中的次要元素，强调了其核心元素，更有助于学生理解基本规律。此外，经过精心设计的动画更加生动、有趣，有助于激发学生的学习热情。

2. 适用的教学内容

动画素材常常被用来模拟事物的变化过程，说明科学原理。在许多领域中，利用动画来表现事物甚至比视频效果更好。

（五）视频

1. 特点

视频信息量比较大，能在较短的时间里传递更多的信息。在课堂上使用视频素材，将教学内容融入生动形象的视频当中，更加吸引学生的注意力，且具有更强的感染力。

2. 适用的教学内容

视频素材适合呈现一些学生感觉比较陌生的事物。对于日常生活中不常见的事物、离生活较远的知识内容，都可以采用视频的方式进行呈现，使学生更具体、更形象地学习到相关知识内容，增强学习兴趣，提升学习效果。

三、多媒体课件

（一）多媒体课件的概念

多媒体课件是指以计算机为核心，综合运用文字、图像、动画、音频和视频等多媒体信息，将平时难以表述的教学内容，如实验演示、情境创设、交互练习等生动形象地展示给学生，从而提高教学质量和效率的一种课程软件。

多媒体课件可以使抽象的教学内容变得形象直观，让学生更好地理解和掌握教学内容。例如，利用多媒体教学课件的模拟仿真功能，可以使在传统教学中无法做到的演示变得轻而易举。

（二）多媒体课件的分类

多媒体课件有多种分类方式：按学科可以分为语文、数学、英语、物理和化学课件等；按学段可以分为幼儿园、小学、初中、高中、大学课件等；按制作工具可以分为 PowerPoint、Flash、Authorware、几何画板、仿真模拟实验室和方正奥思课件等；按实现的功能可以分为演示型、练习型、模拟型、游戏型和咨询型课件等。

下面简单介绍一下演示型、练习型、模拟型、游戏型和咨询型课件的特点。

1. 演示型课件

演示型课件以向学生传授新知识为目标，呈现各种形式的教学内容（如概念、例子、说明等），教师可以利用演示型课件针对所学内容向学生提问，从而帮助学生正确地理解和掌握相关知识，以及评估学生对相关知识的掌握情况。

2. 练习型课件

练习型课件并非为了教授新的知识或技能，而是在提出问题后等待学生的回答；当学生输入答案或做出反馈后，计算机会进行正确性判断，并根据学生的回答给出相应的反馈，以此来加强学生已经掌握的关键知识和技巧。

3. 模拟型课件

模拟型课件通过计算机模拟真实的实验、自然或社会现象，让学生通过观察、操作和思考自行得出结论，或者通过实践来理解相关的实验。在真实实验过于昂贵难以实施或者存在风险的情况下，使用模拟教学软件来替代真实实验能够获得优秀的教学成果。

4. 游戏型课件

游戏型课件是一种通过游戏方式展示教学内容的教学资源。它将教育和娱乐相结合，让学生在游戏中获取知识，并通过这种方式达成教学目标。

5. 咨询型课件

咨询型课件就如同一位专门解答学生疑惑的导师，学生的提问将由计算机进行回应和阐述。在这种教学方式下，学习的主导权完全落在学生的手上，因此，咨询型课件为学生自主学习营造了一个理想的环境。

四、课件制作的理论基础

（一）教学理论

教学理论是通过研究教学的现象、问题，揭示教学一般规律的理论科学，也是研究和利用规律以解决教学实际问题的应用科学。进行课件制作需要对教学规律有清楚的认识，掌握、遵循和运用教学规律，有益于课件的制作，为课件制作提供有益的启示和指导。

1. 杜威的实用主义教学思想

美国教育家杜威（Dewey）认为，教育就是经验的不断重组与改造，教学即儿童通过切身实践探索经验的过程。[①] 他重视学生的生活经验，认为教学要善于联系学生的生活经验来帮助其理解教材，强调以学生为中心，调动学生的主动性和积极性，使其掌握知识与技能。他提出了“教育即生活”“学校即社会”“从做中学”的教育教学主张。因此教师在设计课件时内容不能过于空泛，要结合学生实际、生活实际设计课件，才能使学生更好地学习课件中的知识。

2. 凯洛夫的教学过程思想

凯洛夫是苏联著名的教育家，他的教育思想集中反映在其主编的《教育学》一书中。他注重系统科学文化知识的教学，认为教学是教育的基本途径，教学具有教育性，教学过程是教师引导学生掌握知识、形成技能技巧的过程。他提出了感知具体事物，理解事物的特点、关系或联系，形成概念，巩固知识，形成技能、技巧，实践运用等六个环节的教学过程。教师在设计课件时也应遵守这一层次顺序，按照由浅入深、从简单到困难、从理论到实际应用的顺序，循序渐进地开展课堂教学。

① 吴亚林．教育学[M]．武汉：湖北教育出版社，2010.

（二）学习理论

1. 建构主义学习理论

建构主义的观点是，学习并非教师将知识传授给学生的过程，而是学生构建自身知识的过程。学生并非被动地接受信息，而是主动地构建信息的含义，这个构建过程无法由他人完成。

学习是一个个体构建自身知识的过程，这表明学生是主动的，学生不是被动的接收者，他需要主动选择和处理外部信息。同时，知识或意义并非由外部信息构建的，外部信息本身并无意义，意义是学生通过新旧知识经验的反复、双向的互动过程而形成的。一旦学习问题出现在他们面前，他们会根据过去的经验，依赖自身的认知能力来解读问题。由于学生的经验和对经验的解读各不相同，因此他们对外部世界的理解也会有所差异。

学生基于自身的经验体系对新的信息进行编码，构建自己的理解。同时，由于新经验的加入，原有的知识也会发生调整和改变。因此，学习不仅是信息的积累，它还包含了由新旧经验冲突引起的观念转变和结构重组。学习的过程不仅是信息的输入、储存和提炼，还是新旧经验之间交互的过程。

教师在设计课件时，应当遵循建构主义学习理论，引导学生自主学习，而不是将大段的理论知识照搬到课件上，要跳出传统灌输性教学的局限，在教学技术手段更新的同时也要进行教学理念的更新，从而提升教学质量水平。

课件本身具有生动、形象、直观的特点，因此教师应当牢牢抓住这一点，设计适合学生的课件，从而引发学生的学习兴趣，让学生主动求学，进一步加深学生对于知识的理解。

2. 布鲁纳的认知－结构学习理论

布鲁纳是美国著名的认知教育心理学家，他主张学习的目的在于发现学习的方式，使学科的基本结构转变为学生头脑中的认知结构。因此，他的理论常被称为认知－结构论或认知－发现说。

布鲁纳对学生学习活动的具体过程进行研究后认为，学习一门学科包含着三个几乎同时发生的过程，即新知识的获得、知识的转化和评价。新的知识可能是对过去知识的提炼，也可能与现有知识相冲突。知识的转化就是改变预设的信息，通过各种手段将其转化为新的形态，以适应新的任务，并获取更多的知识。评价是对知识转化的一种检验，通常，评价包括对知识的合理性进行判断。

总的来说，布鲁纳主张教授任何一门课程的最终目标都是帮助学生建立优秀的认知框架。这个优秀认知框架的建立通常需要经历知识的获得、转化和评价三个步骤。因此，教师首先需要确定要建立的学生的认知框架包含哪些元素，并尽可能地绘制出各元素的关系图。教师应当实施有效的方法来协助学生获得、转化和评估知识。

为了推动学生认知框架的构建，教师在制作课件时必须全方位深度解析教材。在引导学生理解教材结构、掌握教学内容的过程中，首先要有创新性，学习跨度应适中，尽可能地激发学生的好奇心和能力；其次要选择灵活的教学流程和结构方式来安排实际的教学活动过程。同时，应注意提供有助于学生纠正错误和提升能力的反馈信息，并教导学生进行自我反馈，以提高学习的主动性和积极性。

第二节　课件设计与制作技巧

一、课件演示结构的构建

设计课件时，首先要对教学内容进行分析，明确教学内容之间的关系，通过对教学内容进行归纳或演绎找到解决问题的逻辑。

对教学内容进行分析后，就要将这些教学内容结构化地表达出来。课件的结构化表达一般有四个原则：自上而下原则、层次清晰原则、结构简单原则和重点突出原则。

（一）自上而下原则

自上而下原则先从结论讲起，说明问题的全貌，直接说明中心思想。典型的自上而下的问题阐述，如图 6−2−1 所示。

图 6−2−1　自上而下的问题阐述

有时也会用到自下而上进行问题分类和总结归纳的表达方式，如图 6-2-2 所示。

图 6-2-2　自下而上进行问题分类和总结归纳

（二）层次清晰原则

层次清晰原则是指将相关问题在同一个层面中讲清楚，对于重大的议题能够进行不重叠、不遗漏的分类，而且能够借此有效把握问题的核心和解决问题的方法，也就做到了“完全穷尽，相互独立”，简称 MECE（Mutually Exclusive Collectively Exhaustive）原则。

所谓的“完全穷尽，相互独立”，指的是在将某个问题或整体（无论是客观存在的还是概念性的问题或整体）划分为不同的部分时，必须保证划分后的各部分符合以下要求。

①各部分之间相互独立、相互排斥，意味着问题的细分在同一维度上，并且有明确区分、不可重叠。

②问题的所有部分完全穷尽，意味着全面、周密。

MECE 原则是麦肯锡公司的女咨询顾问巴巴拉·明托（Barbara Minto）在金字塔原理中提出的一个很重要的原则，是思维过程的一条基本准则，也是把一个项目或问题分解为若干个更细的项目或问题的方法。分解时必须遵循完整性和独立性两条原则。完整性是指分解项目或问题的过程中不要漏掉某项，要保证完整性；独立性强调每个项目或问题之间要相互独立，不要有交叉重叠。

（三）结构简单原则

简洁明了的表达方式是最佳选择。“三”是最基础且最易于记忆的数字，将一个核心议题从三个层面进行深入探讨，使得三个层面之间有明确的逻辑联系，接着运用 MECE 原则来验证这三个层面的正确性。

（四）重点突出原则

幻灯片演示的 80/20 原则（也称“二八”原则）是指 80% 的内容引起了 20%

的人注意，20% 的内容引起了 80% 的人注意，如图 6–2–3 所示。因此，演示或表达时要抓住问题的关键，将最想传递的知识重点突出表现，不要试图面面俱到或在有限的时间内传递过多的知识内容。

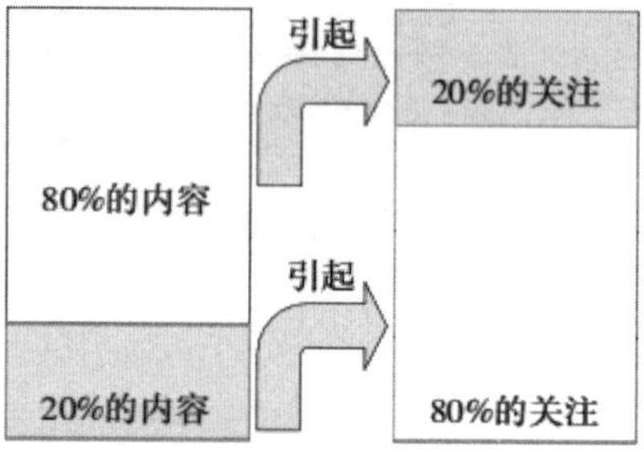

图 6–2–3 “二八”原则

重点突出原则的核心是关注“关键的少数”。课件设计时要明确哪些内容是最希望学生知道的、最希望学生记住的、最想向学生传递的，让这些内容引人注意。因此，可以在课件的正文加上摘要，每一页幻灯片、每一个图形的重点要有非常清晰的表达，避免过多的动画内容、过多的动画切换和短时间内传递大量信息。

二、课件制作的突破思维

（一）课件不是文字堆积起来的讲稿

如果只是用文字堆积起来的课件，就已经不是课件了，而是讲稿。这样的课件很容易导致教师背对学生去读课件中的文字，既平淡又不生动，更谈不上说服力和教学效果。

制作课件时，教师应将高度抽象的教学内容转换成自己的、精练的、有教学逻辑关系的教学内容，精练的教学内容是容易被学生记忆的。因此，提炼文字性的教学内容是制作课堂教学课件的首要步骤。教师需要改变那种“复制、粘贴”制作课件的做法，投入精力去提炼、总结教学内容。教师带着学生读课件中的文字是课堂教学中的大忌。幻灯片课件只是辅助教学的工具，教师才是课堂上永远的主角。

（二）课件中要有教学导航

幻灯片演示有一个致命的弱点，就是容易让人迷失思考的方向，因为幻灯片是一页一页往下翻的，一次只能看到一页，前面的内容只能靠记忆回想，再加上教学内容比较抽象，如果课件缺乏教学逻辑，只会让学生迷失方向。因此，需要在课件中建立教学逻辑关系，加强幻灯片前后页面的逻辑联系。一个完整的课件应该有封面、前言或概述、目录、切换页、正文页、结尾页等部分，每页幻灯片上都应有标题，以表示教学的进度，还应加上页码。

（三）浓缩的课件才是精华

课堂教学不是讲得越多，时间越长，教学效果就越好。教师需要将教学的核心内容提炼出来放在课件中，将学生容易困惑的地方重点标记在课件中，这就要求教师认真分析哪些内容是教学的重点、难点，哪些内容是学生最关心的，哪些内容是最能体现教师教学目的的等。因此，要浓缩课件内容，做到课件中只有教学要点、重点、难点，腾出时间和空间让教师在课堂上展示教学水平，与学生互动交流。

（四）有图表的课件才具有说服力

教学中会遇到大量的数据，为了让这些数据为教学服务、体现教师的教学目的，数据的图表表达方式就显得十分重要。常见的有柱形图、饼图、线状图、雷达图等，把这些图表恰当地放在课件中，使得课件中的数据不再抽象而乏味。

表格的优势在于对比。通过对比数据、对比结论，更能鲜明有力地论证观点，数字和简单明了的分类信息用表格来表达是非常合适的。表格表达时一般可以不用完整句，因为表格不能容纳太多的文字，需要对内容进行提炼。

（五）有动画的课件突破传统教学限制

课件中的动画效果是一种多媒体表现艺术，动画用好了，不仅让课件变得生动，给学生无限想象空间，更能让许多传统课堂教学中难以表现或表述的内容得以全方位地展现给学生，突破传统意义上的演示方式，使教学效果大幅度提升。这就需要教师寻找和积累能体现教学内容的动画教学组件，同时，教师还应学会课件制作中的一些逻辑动画、强调动画等技术。滥用动画或错用动画，不仅不能将核心信息表达出来，还会让人眼花缭乱，分散注意力，打乱教学节奏。课件是教师传达教学信息的辅助工具，是为教学活动服务的，而不是展示软件新颖功能的工具。

（六）精心设计的课件才能体现卓越

课件除了需要有精练的文字、教学导航，做到图文并茂，还需要精心设计。精心设计的课件可以让学生产生好感、赏心悦目，容易赢得学生的认可。精美的设计、漂亮的色彩等会给人专业、认真、可信的感觉，使用课件教学的效果自然得到提升。这就要求教师善用教学素材，掌握一些排版规律，多看精美的课件。反对在课件中滥用过多的色彩、过多的动画和与教学无关的图片，要让每张图片、每页版面都为教学内容服务。

三、课件制作要点

优秀的教学资料不只需要科学地阐述教育主题，也需要具备极强的艺术感和创新思维。在课件制作过程中，教师需要精心规划教学资料的图像，巧妙地调整其排列顺序，以艺术的方式呈现设计布局，以生动、形象的方式呈现所传授的知识，让展示出来的内容具有强烈的艺术吸引力，打破教育时间和空间的限制，让学生沉浸在情境化的课堂环境中，进而引发他们的学习热情。

（一）文字精练

课件演示中的文字应该是对教学内容的提炼，涵盖课程的基本理念、关键点、难点和知识点，以及知识的逻辑联系、重要的公式和结论等。文字的表述应该简明扼要，句子长度不宜过长，尽可能使用短语和短句，分层次地阐述主要内容。建议将重要内容进行排版，以便学生能够快速地观察到关键信息。不建议将大量的文字放在页面上。

文字演示与教科书的展示方式不同，可以简化句型和省略句子的部分内容。在句子中，副词、连词等非关键元素可以剔除，只保留关键的动词和名词；对于经常出现的主语或主题词也可以适当省略，以突出关键词的含义，这样可以减轻学生的视觉负担，使他们能够快速捕获视觉信息并记住。

（二）图文并茂

视频资料在课件中扮演着关键角色，生动、直观的动画能够清晰地展示出复杂的结构构成、工作原理和动态流程等，这有助于显著提升学生的理解能力和学习热情。图片和文字之间存在着互补的视觉效果，如果页面上的文字过多，会使得内容显得单调乏味；如果页面只有图片而没有文字解释，则会削弱主题的表达，降低学生观看的效率。相反，如果文字和图片能够相互配合，互相映衬，既能清晰地展示内容，又能使页面更加生动有趣。因此，页面设计应尽可能实现图文并茂。

（三）页面布局均衡

课件页面的呈现形式直接影响教学内容的表达，布局合理的课件易于学生接受，也有助于学生形成清晰的思维和深刻的记忆。一般页面内容包括文字、图片或影像资料，可以将图片和文字进行合理的编排和均衡的布局，使它们错落有致、协调互衬，产生舒适的演示效果。

1. 中心位置

在一个页面上，页面的中心最容易引起学生注意，其次是左上角或者页面中上的位置。主要内容放在页面中间，醒目突出，一些重要的文字和图片可按上述顺序安排，其他地方安排次要的内容。文字尽量不覆盖在图案上。

一个页面里有多幅图片出现时，应按照一定的规则排列，幅面大小最好相当，间隔要适当，图片和图片之间尽量不要重叠。

2. 文字布局

文字是页面上的主要内容，要做到清楚醒目，字号大小恰当。一个页面上的文字行数不宜过多，一般以不超过 10～12 行为宜，行距一般取 1～1.5 倍字高比较合适；字号一般采用 24 号字以上。文字太小或者太密容易造成学生视觉疲劳，降低观看效率。在页面两边和上下都应该留出适当的边距，以保持页面的稳重感和规范性。

（四）重点突出

页面上的文字内容要尽可能重点突出，一目了然，使学生能以最快的速度捕捉到关键的信息。对需要强调的重点语句、关键概念、关键词、重要术语等，可以采用字体加粗、文字上色，或加亮和闪烁等方式来体现。

（五）色彩搭配协调

从教育心理学的角度看，具有审美情趣的教学过程能充分调动学生的感官，使其在轻松愉快的情境中接受知识，增强学习兴趣，提高其记忆力，达到最佳的学习状态。课件设计时要讲究艺术性和审美性，而色彩是艺术表现的要素之一。

1. 色彩色调搭配

在选择页面色彩时要本着协调自然、主调突出的原则，将几种色彩互相搭配，产生适度的视觉冲击和舒适感，从而增强教学氛围和学生的学习兴趣。

色彩有冷色相、暖色相和中间色，一般情况下，同一色相不同纯度和亮度的颜色进行搭配比较协调，冷暖两种色相不宜在同一个页面上多色使用，会造成杂乱和不和谐的效果。深色系和浅色系搭配可产生和谐的感观；亮色系和暗色系搭配可产生强烈对比的感观。两种或多种浅色配在一起不会产生显著效果，同样，多种深色搭配在一起也会显得沉闷。此外，同一页面上的色彩数量也不宜过多，否则显得杂乱分散。

2. 文字与背景色

在页面的色彩设计中，字体颜色和背景色的设置是非常重要的。要确保字体颜色在课堂环境中能够看清，最好选择深色或者黑色字体；字体的颜色和背景颜色要有反差，否则播放时会模糊不清。一般字体的色彩与背景的颜色是互补色，这样反差大、笔画清晰，阅读起来相对容易。

各页的背景应一致或基本一致，一般背景色彩应清淡典雅，如白色或其他浅色；或深色背景浅色字体，如蓝色背景、白色字体比较协调。不宜将图片作为背景，否则会喧宾夺主，分散读者的注意力。

属于同一内容的字体颜色应该统一，除了需要强调的语句和关键词，文字色彩应前后一致，保持表达的同一性，体现课件的整体协调性。

3. 用色彩突出重点

对于重要的定义、结论，以及需要加强的文字内容，可以利用醒目的色彩或加粗的字体表示与其他文字的区别，但重点突出的文字不宜过多，否则就会失去作用。也可以用两种以上的颜色字体表示不同的内容属性，如用黑字表示主要内容，用蓝字表示注释，这样可使学生一目了然。

综上所述，制作课件时要求课件系统性、完整性好，结构科学合理；内容层次清楚，词句言简意赅；图形信息丰富，动画演示生动、清晰；图文布局合理，背景淡雅，颜色搭配协调。

四、课件制作遵循的原则

高校课堂的课件要真正成为教师课堂教学的帮手，在制作时必须遵循教学规律，这样的课件才能让高校课堂有灵魂，才能成为达到教学目的的有效工具。

从教育学、教学法和教育技术的角度考虑，制作课件需要遵循以下原则。

（一）教学性

课件只是实现教学目标的一个工具或手段，教师制作的课件要遵循教学规律和学生的认知规律，不宜出现猎奇的动画、声音和颜色，教师应该充分认识制作课件的每种元素的特征和属性，结合教学内容和教学规律使用文字、图片、声音、色彩、动画等基本元素，让每一种元素在课件中得到充分的利用，从而让课件在教学中发挥出最佳的教学效果，真正起到辅助教学的作用，既让课堂现代化又让教学轻松化。

（二）科学性

课件内容不能出现科学性或学科性的错误。教师在委托他人制作一些课件中需要的动画或借用他人课件时，一定要仔细检查是否出现科学性或学科性的错误，一旦出现这类错误，其造成的损害远远不是一个教学失误所能概括的，教师千万要把好这个关。同时，教师要遵循学生的认知规律，科学地利用课件中的文字、图片、声音、色彩、动画等元素，对学生的视觉和听觉形成良性的刺激，优化课堂教学。

（三）操作性

高校教育非常重视对学生思维、感悟和直觉的培养，因此，教师在设计制作课件时要把基本概念、重要原理、基本方法以及案例分析和解决实际问题的思路以最精练的方式传授给学生，这就要求课件能提供符合教学规律和认知规律的、教学目的明确的、教学逻辑清晰的、具有感染力的操作方式。

（四）交互性

教师成了知识的化身，学生成了知识的容器，教学成了知识的灌输，这是目前一些高校课堂教学存在的现象，这样制作出的课件很容易成为“填鸭式”教育的工具，千万不要让我们的教学导致学生不提问题，让学生失去创造性思维。

课件从本质上说是对教学内容进行数字化处理和交互式处理。课件制作多基于问题解决方案进行设计，遵循教学内容之间的逻辑关系和教学规律，教师要控制演示速度，分步提示启发，让学生真正参与到教学活动中来。

（五）辅助性

课件是课堂教学的辅助工具和手段，课堂教学的主角是教师，是教师在用自己的语言和肢体表达传授知识。

教师上课过分依赖课件，一定会让课堂教学失去灵魂，导致先进的教育技术不但没有给课堂带来活力，反而更让课堂死气沉沉，这显然不是技术本身的错，是教师对教育技术的认识不够，对教学精力的投入不够，只有教师认识到了教育技术的辅助性，高校课堂的课件才会真正成为活跃课堂气氛的有效工具。

五、课件的交互设计

交互性是课件与其他教学工具和教材的最主要的不同。无论是印刷资料还是课件，都是传递教学内容的手段，但课件不仅可以通过更多样化的媒体方式呈现内容，还能够灵活调整内容的排列方式和形态，为学生提供灵活的展示内容和即时的反馈信息。从本质上讲，课件的交互性具有两个层面的含义。

第一，利用各种工具，如按键、菜单、热区和课件界面的物体来操纵课件的播放。

第二，学生即时地向课件输入数据，而课件则可以提供即时的反馈，若无反馈，就无法进行交互。

课件中实现交互功能，主要利用三种方式：超链接、动作设置、触发器。

（一）超链接

在课件中，超链接被认为是最常见且最简单的交互手段。它是一种内容切换技巧，通过使用超链接，教师能够轻松地将课件中的任意一部分切换到其他部分。如此一来，教师就能够重新编排课件内容，以适应学生对教学内容和教学场景的各种需求。

在课件中，用户可以为幻灯片中的任意对象添加超链接。使用超链接不仅能够链接到课件中指定的幻灯片，还能够链接到外部文件，链接到自定义放映的一张或几张连续或不连续的幻灯片。

在幻灯片中选择需要添加超链接的对象后，在“插入”选项卡的“链接”选项组中单击“超链接”按钮打开“插入超链接”对话框，使用该对话框可选择链接的目标对象。

例如，当想要超链接到指定的一张幻灯片时，具体操作步骤如下。

第一步，选中要加链接的文字。

第二步，单击“插入”选项标签夹，再单击“超链接”。

第三步，“链接到”选择“本文档中的位置”，链接到相应的幻灯片。

第四步，点击“确定”按钮。

完成超链接的添加后，播放该幻灯片，单击创建了超链接的对象就能够跳转到指定的幻灯片。

在为对象添加超链接时，有时需要在鼠标指针放置到该对象上时显示提示信息。要实现这种功能，可以在“插入超链接”对话框中单击“屏幕提示”按钮打开“设置超链接屏幕提示”对话框，在对话框的“屏幕提示文字”文本框中输入屏幕提示文字。鼠标指针放置到对象上时会变为手形并显示文字提示。

（二）动作设置

课件提供了一系列的动作按钮，这些按钮都包含了预定义的连接功能，可以直接插入幻灯片里，无需额外的配置。在幻灯片展示过程中，它们能够执行如幻灯片之间的切换、播放音频或电影，以及启动其他外部访问接入点等功能。打开“插入”选项卡的“插图选项组”的“形状”下拉列表，“动作按钮”栏中列出了课件内置的动作按钮，单击动作按钮，即可在幻灯片中绘制该动作按钮，课件将自动打开“动作设置”对话框，使用该对话框可以对单击动作按钮时产生的动作进行设置。

如果需要设置鼠标移过按钮时的动作，可以在“动作设置”对话框的“鼠标移过”选项卡中进行设置。由于动作按钮实际上是一个图形对象，因此可以在“格式”选项卡中对按钮的样式进行设置。另外，也可以将动作添加到幻灯片的任意一个对象上。方法是在幻灯片中选择需要添加动作的对象，在“插入”选项卡的“链接”选项组中单击“动作”按钮打开“动作设置”对话框，为选择的对象添加动作。

（三）触发器

触发器是课件中实现简单交互的重要方法，如果想精确控制或改变动画播放次序，使用触发器是最方便的选择。

1. 触发器原理

将图片、图形、按钮、文字对象或对象自身等作为触发器，通过单击触发器控制对象自定义动画的运行或者音视频播放。触发器设置要点如图 6–2–4 所示。

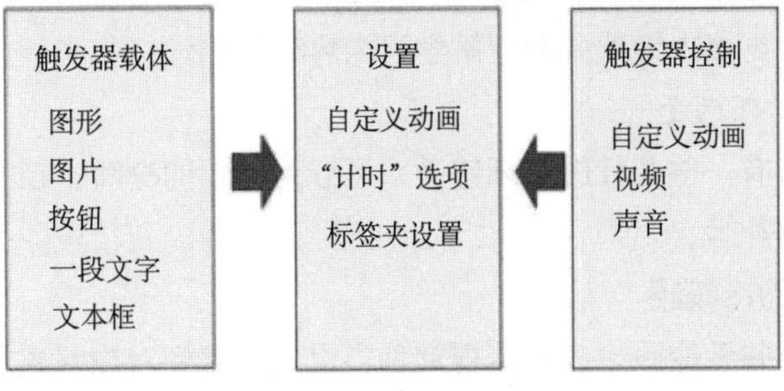

图 6–2–4　触发器设置要点

默认情况下，在课题中单击鼠标一般会有两种结果：跳转到下一张幻灯片或者播放一个自定义动画。使用触发器须取消单击切换幻灯片的方式。

2. 触发器设置

在课题中，幻灯片的任意对象都可以作为触发器使用，如包含文字的文本框、图形、图片以及声音或视频图标等。要使用触发器，必须保证已经创建了动画效果。在创建动画后打开“动画窗格”面板，在列表中选择需要添加触发器的动画选项。点击动画选项右边的下三角形图标，然后从弹出的下拉菜单里点击“计时”，进入“动画设定”的对话窗口，并切换至“计时”的选项。点击对话窗口的“触发器”图标，启用相应的配置，点击“点击以下物体时会产生启动效果”的单独选项，然后从右边的下拉列表里挑选作为触发器的物体。完成设置后，在幻灯片放映时单击作为触发器的对象即可让选择的动画开始播放。

课题中还有一个更简单的设置指定触发器的方法，那就是在选择添加动画效果的对象后，在“动画”选项卡的“高级动画”组中单击“触发”按钮，在打开的下拉列表中选择用作触发器的对象。

六、课件的色彩设计

色彩能够给人某种心理暗示，合理的配色能够在潜移默化中吸引学生进入某种特定的氛围，并且容易让其接收到传递的信息。在制作多媒体课件时，合理的配色是课件界面设计必须考虑的因素。

（一）色彩设计基础

色彩对视觉效果有着重要的影响，能够直接触动学生的情绪。在课题中使用色彩可以生动地展示现实世界，提升教学资料的吸引力，激发学生的学习热情。

在课件中，色彩应该为构建场景和描绘对象服务，应该根据不同的主题和内容选择不同的色彩搭配方式。适当地运用色彩可以让学生在学习过程中有美的享受，有助于学生更深入地感知和理解学习内容。

1. 色彩的心理感受

人们对色彩有一些共性的心理感受，可分为色彩的冷暖、轻重、软硬、进退、大小、华丽与质朴等。

（1）色彩的冷暖感

色彩本质上并无冷暖之分，是视觉色彩引发了人们对冷暖感的心理联想。

暖色：当人们看到红色、橙色等颜色时，他们会立刻想到太阳、火焰、血液等事物，从而产生温暖、热烈、危险等感觉。

冷色：当人们看到蓝色、紫色、绿色等颜色时，很容易想到天空、冰雪、海洋等事物，产生冷静、理智和平和的感觉。

色彩的冷暖不仅体现在固定的色调上，在对比中也会展现出相对的倾向性。如果要描绘天空的彩霞，用玫红色来表现早霞清新且冷淡的色调是非常合适的，然而，如果要描绘晚霞，就需要使用暖色调的大红色。但是，如果与橙色进行对比，前两种颜色都具有冷感的倾向。

人们往往用不同的词语表述色彩的冷暖感觉。

暖色：如阳光、无法透视、刺激、浓厚、深邃、接近、沉重、男性、强壮、干燥、情绪化、方形、直线、扩展、稳固、热情、生机勃勃、开放等。

冷色：如阴影、清晰、平静、稀疏、淡漠、遥远、轻柔、女性、微弱、湿润、理智、圆润、曲线、收缩、流畅、冷静、优雅、保守等。

（2）色彩的轻重感

色彩的轻重感主要取决于色彩的明亮度。明亮度较高的颜色能让人想起蓝天、白云、彩虹以及花卉，还有棉花和羊毛等，带来轻盈、飘动、升腾、敏捷和灵活的感觉。而明亮度较低的颜色则容易让人想到钢铁、大理石等物品，带来沉重、稳定、下降等感觉。

（3）色彩的软硬感

色彩的软硬感主要取决于其明度，但也与纯度有一定的联系。色相与色彩的柔软度和硬度几乎无关。明度越高，色彩给人的感觉越柔软，明度越低，色彩给人的感觉越硬。明度高、纯度低的色彩呈现出柔软的感觉，中等纯度的色彩也呈现出柔软的感觉，因为它们容易让人想起骆驼、狐狸、猫、狗等众多动物的皮毛，还有毛呢、织物等。色彩的纯度高低会导致硬度的差异，如果色彩的明度较低，那么硬度的感觉就会更加突出。

（4）色彩的进退感

人类的视觉系统会将各种波长的颜色呈现出来，其中，红色、橙色等光谱较长的颜色会呈现在视线的后方，使得视觉效果更为接近；而蓝色、紫色等光谱较短的颜色则会呈现在视线的外部，使得在相同的距离下，视觉效果更偏向后方。实际上，这种情况被称为视觉错觉，通常，暖色、纯色、高亮度色、强烈对比色、大范围色、集中色等会让人产生向前的感觉；而冷色、混浊色、低亮度色、弱对比色、小范围色、分散色等会让人产生向后的感觉。

（5）色彩的大小感

由于色彩具有进退感，因此暖色、高亮度色等会产生扩张和膨胀的效果；冷色、低亮度色等则会产生缩小和收缩的效果。

（6）色彩的华丽与质朴感

色彩的三个主要元素都会对华丽和质朴感产生影响，其中，纯度的影响最为显著。高明度和纯度的颜色给人以丰富且强烈的对比感，显得华丽而耀眼。而低明度和低纯度的颜色则给人以简单、弱对比的感觉，显得朴素而古典。然而，不论是哪种颜色，只要带有光泽，就能产生华丽的效果。

2．色彩的心理联想

色彩的心理联想呈现出情感的特征。这种联想会受到观察者的年龄、性别、个性、文化背景、受教育程度、职业、种族、信仰、生活环境、生活经验等多种因素的制约。色彩的心理联想可以分为具体和抽象两类，通常，儿童更倾向于直观的联想，而成年人则更倾向于抽象的联想。

①直观联想：当人们观察到某一颜色时，会想起自然界和日常生活中的一些事物。

②抽象联想：当人们观察到某一颜色时，会想起诸如理性、尊贵等抽象的观念。

3．色彩的性质

色彩的性质各不相同，也被称为色性。这些性质与人类的色彩生理和心理感受有关，因此，实际存在的色彩似乎具有复杂的性质。

①红色。红色的波长最长，具有很强的穿透力和高感知度。易于引发人们对太阳、火焰、热血、花卉等的联想，让人感受到温馨、激动、活力、热忱、积极、希望、忠诚、健康、充实、丰满、幸福等，但有时也被视为幼稚、原始、暴力、危险、低俗的象征。

在我国的传统喜庆色彩中，红色一直占据着重要的地位。深红和带紫调的红色给人的感觉是庄重、稳定且充满热情，常常出现在欢迎贵宾的场合。而含有白色调的高明度粉红色则给人带来了柔和、甜美、梦幻、快乐、幸福和优雅的感觉，几乎成为女性的专属色彩。

②橙色。橙色是暖色，介于红色和黄色之间，能让人想起火焰、灯光、霞光、水果等事物，是最温馨、明亮的颜色。它给人带来活力、华美、跃动、热情、甜蜜、快乐和幸福的感觉，但也存在疑虑、嫉妒、欺诈等负面感觉。

橙色混合灰色成为咖啡色，而混合白色则成了浅橙色，也被称为血牙色。这两种颜色都是服装设计中常见的甜美色调，并且深受人们的喜爱，尤其是女性、儿童和青年人群。

③黄色。在所有色彩中，黄色的明度最高，给人以轻松、光亮、透明、活泼、明亮、希望、成功和健康等感觉。然而，黄色过于鲜艳，容易与其他颜色混淆，失去其本质，因此也有不稳定、变化无常、冷淡等负面含义。

淡黄色使人感到平静和温馨，而大量的淡黄色则是一种理想的休闲自然色，深黄色则带有一种高贵和庄重的气质。由于黄色容易让人联想到许多水果的外皮，因此它能激发人们对酸味的联想。

黄色也被视为安全色，因为它很容易被人察觉，例如，户外工作的工作服颜色常采用黄色，以引起大家的注意。

④绿色。在自然界中，除了天空、河流和海洋，绿色的事物占据了很大的比例，绿色的草木和叶子几乎无处不在，绿色象征着生命、青春、和平、宁静、新鲜等。绿色最适合人类的视觉感知，具有缓解疲劳、调整情绪的作用。

黄绿色赋予人们春天的气息，深受儿童和年轻人的喜爱。蓝绿和深绿色象征着海洋和森林，具有深邃、稳定、冷静和智慧等特质。灰绿色，如土绿、橄榄绿、咸菜绿、墨绿等，给人以成熟、稳重、深邃的印象，是人们普遍选择的服装颜色。

⑤蓝色。蓝色与红色和橙色形成鲜明对比，是一种典型的冷色调，象征着宁静、冷淡、理智、深邃和透明等特性。随着人类在太空领域的持续进步，它又带有了强烈的高科技现代感。

浅蓝色显得清新且充满活力，深受年轻人的喜爱，但也给人一种不够成熟的感觉。深蓝色以其沉稳和稳定的特性深受中年人的喜爱。而群青色则带有一丝暧昧，散发出迷人的深邃魅力。藏青色则给人以宽容和庄重的感觉。靛蓝和普蓝因为在民间的广泛使用，似乎已经成为民族特色的象征。毫无疑问，蓝色也具备其他的特性，如刻板、冷淡、悲伤和恐惧等。

⑥紫色。紫色拥有神秘、尊贵、优雅、庄重和奢华的特质，有时也会让人感到孤独和消极。特别是那些较暗或含有深灰色的紫色，容易给人带来不吉利、腐败和死亡的感觉。然而，含有浅灰色的红紫色或蓝紫色，却带有类似于太空和宇宙的幽静和神秘的气质。

⑦黑色。黑色是一种无纯度的颜色。它通常给人以安静、神秘、严肃、庄重和含蓄的感觉，同时也容易引发悲伤、恐惧、不吉利、沉默、死亡、罪恶等负面情绪。

⑧白色。白色给人的感觉是清洁、明亮、纯真、简单、干净、卫生、宁静等。

在它的映衬下，其他颜色会更加鲜艳、更加明亮。过度使用白色可能会带来单调、乏味的感觉。

⑨灰色。灰色是一种中性色彩，其显著的特性包括温和、精细、稳定、朴素和大方，不会像黑色和白色那样对其他颜色产生显著影响，因此作为背景色非常合适。任何颜色都可以与灰色混合，略带色彩感的灰色能给人一种高贵、精细、含蓄、稳定、精致和有修养的感觉。毫无疑问，过度使用灰色也容易暴露出枯燥、孤独、忧郁、缺乏热情和兴趣的特性。

（二）色彩搭配规律

1．色彩搭配方案

对色彩的使用让人头疼和纠结，关键是找到色彩搭配的规律。课件的色彩搭配有以下几种方案。

①单色方案：黑白灰＋一种彩色。由于课件配色难以驾驭，首推这种方案，不足之处在于课件不同模块之间的辨识度低。

②主副色方案：黑白灰＋一种主彩色＋一种辅助色。这种方案的好处是用辅助色弥补了单一主色辨识度不足的缺陷，使得页面的视觉效果更为活泼，难点在于主色、辅助色的选择。

③多色方案（含双色）：黑白灰＋多种彩色。这种方案的好处是设置了不同色彩的模块，辨识度高，不好的地方就是配色难以驾驭。

2．利用色调关系进行多种色彩搭配的原则

①单色搭配。虽然单色配搭并未构建出颜色的层次感，但却创造了明暗的层次感。在设计过程中使用这种配搭效果显著，其重要性也不言而喻。同一种颜色搭配，越浅越接近白色，则越轻松、活泼；越深越接近黑色，则越沉重、压抑。

②类比色搭配。这种色彩组合能够创造出一种引人入胜的协调美感。类似色彩的丰富性使得色彩设计过程中采用这种配置能带来良好的视觉效果。

③多色搭配。颜色饱和度不要太高，这样色彩柔和不刺眼；明度与饱和度尽量接近，色相值在色相环上相隔的角度尽量相同，这样多种色彩搭配比较和谐。

（三）课件配色方案

1．与主题契合

不同的颜色给人带来的心理感受是不一样的，如红色代表热情，深蓝色代表沉稳等。因此在课件中要想传递出特定的感觉，最好选择一种能反映这个感觉的色彩。例如，将粉红色作为主题色，它能够让人有甜蜜、梦幻、愉快、幸福的感觉，是低年级的孩子们比较喜欢的颜色。而对于大学生来说，要尽量选择沉稳的深蓝色、黑色等冷色或中性色。

2. 易识别

易识别就是确保网页内容的清晰度。背景颜色和内容颜色应该存在一定的对比度，即浅色和深色或者深色和浅色的搭配，如白色和黑色的字体、蓝色和橙色的字体等，避免浅色背景和浅色字体，深色背景和深色字体的搭配。这就是课件配色时要注意的易识别性。

3. 色调一致

确定了一套课件的配色方案后，最好一直沿用这些色彩搭配，让每一页的配色方案看起来是一致的，不要再去添加多余的色彩。这样做的好处是让整个页面显得非常和谐，看起来非常舒服。

七、课件的动画设计

课件的动画不仅可以让教学过程变得更生动，更能让课件的表现效果提升数倍。课件中的动画通常分为片头动画、逻辑动画、强调动画、情景动画、片尾动画和切换动画等。

（一）片头动画

教学演示开始时，片头动画可以让学生从其他环境进入教学环境中，调整学生进入课堂环境的状态，达到让学生的视线和注意力聚焦到课件上的目的，精美和有创意的片头能立即给学生带来震撼，让学生留下深刻印象。

（二）逻辑动画

课堂中一幅静止的幻灯片画面无法体现出教学内容的逻辑关系和讲授先后的逻辑关系，学生只会自上而下浏览，缺乏逻辑的引导，学生难以把握重点，有时还会分散学生的注意力。如果给幻灯片页面加上清晰的逻辑动画，教师就可以通过动画控制教学内容的先后顺序、主次顺序、位置改变、出现和退出等，引导学生按照自己的思路理解课堂上讲授的内容。

（三）强调动画

过去仅通过颜色的深浅、形状的大小以及字体的差异来强调一些关键内容，这种方式存在一个显著的问题，那就是需要强调的部分会一直被重点强调，当教师讲解其他教学内容时，它会分散学生的注意力和视线，而强调动画通过放大、缩小、闪烁、变色等动作来实现强调效果，并且能让教师在课堂上自由掌控，强调后自动恢复到初始状态。有时候对一些对象进行组合后再做强调动画，会收到意想不到的效果。

（四）情景动画

也许教学过程中需要描述或呈现一个情景或案例，在展现这个情景或案例时是有情节、有过程的，用一幅静止的画面去表现一个完整的过程，几乎是不可能的；相反，一套连续的动画按一定的顺序和时间来呈现，就能把这些过程表现得栩栩如生。

（五）片尾动画

课堂教学内容结束时，如果课件戛然而止会让学生感觉到突然，让师生之间的教学交流不畅，缺乏一定的缓冲时间。如果给课件加上一个简单的片尾动画或结束语，既提醒大家教学内容的结束，也是一种礼貌，同时还能达到与片头动画相呼应的目的，做到有始有终。

（六）切换动画

切换动画主要是为了缓解课件页面转换时的单调感而应用的，适合简洁画面和简洁动画的课件使用。

值得说明的是，教学用课件中的动画并不是越多越好，教学用课件中的动画一定要与教学内容、教学思维、教学过程和教学目标一致，过多的动画设计不仅不能提升教学效果，反而会分散学生的注意力。

八、课件使用应注意的问题

课件作为现代化教学手段，优化了课堂教学，增强了学生学习的积极性，起到提高课堂教学效果和教学质量的作用。

课件固然有优势，但不能作为课堂教学的唯一手段，不能完全代替课堂教学中教师的全部活动，使用课件时，还要注意以下问题。

（一）课件的合理使用

课件是配合教师授课的强大工具，是教师授课内容的升华和提炼，但课件不等同于教师的讲稿，并不是让教师在课堂上照本宣科的，教师课堂讲解的台词应有相当一部分不在课件上，而应在教师的教案和脑海里，教师仍要充分备课。

课件更不能是不经提炼的教材的翻版或摘抄，使学生课上疲于看书，产生视觉疲劳，其结果是弱化了教师的讲授职能、削弱教师的劳动效果。另外，有些课程或内容不一定适合用课件教学，如有些理论性较强、有较多公式推导、解题过程、理论证明的课程或章节，经验丰富的教师边分析讲解、边板书推导的效果会明显好于课件的大篇幅显示。而如果采用精心制作、逐条显示、动画式的课件播放方式，则能发挥课件直观生动的特点，也是一种效果不错的讲授方式。

（二）课件与板书并用，两种手段互补

多媒体课件有图文并茂、形象生动、信息量大的优势，而板书是教师通过手写板演、口授表达与学生进行的面对面交流，通过语调、面部表情等，教师能够与学生进行互动，这对于他们专心听讲和理解问题具有深刻影响。此外，教师的板书也为学生做课堂笔记提供了便利，这样可以让教学过程更加灵活，更好地融合教与学，有助于营造良好的教学环境。

因此，在授课过程中，教师要依据教学主题的独特性，适当地融合两种方法，最大化它们的优点，从而获得更好的教学成果。

方式一：把教学的关键点和难点写在黑板上，以便学生能够随时查阅，并且能够建立起前后内容的关联；同时，通过使用更加详尽的多媒体课件来连接这两种教学方法，两者的优点相辅相成，以此来完整地展示教学内容。

方式二：在课件中展示教学内容的核心理念和关键难题，并通过黑板演示来完成过程的推理，这样可以让学生的思维随着老师的演绎而逐渐加深和增强。例如，在讲解例题时，教师为了提高时间效率，可以将问题的描述放在课件上，通过板书的形式引导学生一步步思考问题的分析、解决过程。在数学、物理等推导公式较多的课上，传统板书仍是首选的方式，因其便于梳理思路，引导学生思考和加深理解，有助于学生对知识的消化和掌握。

教师在承担各类课程教学任务时，可以根据自己所教授课程的特性，通过深入研究和实践，理解和总结课件和板书各自的功能，使得课堂教学成为教师魅力和多媒体技巧的有效结合和展示。

（三）课件使用中的教学规范

教师在课堂上使用课件时应注意以下教学规范。

教师站位：多媒体课堂教学中虽然存在教师和多媒体两个视觉中心，但教师仍是主角，教师不能放弃自己在课堂上的主导作用，完全退居到讲台二线。教师演示课件时不要习惯性地固守控制台，而应站在讲台附近，面向屏幕或黑板，指

点示意演示内容，这样一能调动学生的注意力；二有利于与学生交流。教师切忌在使用多媒体时长时间远离讲台，站在控制台前，放弃对课堂的主导和调控。

辅助教具：教师示意演示内容时，应用无线翻页激光笔或教鞭指点，以给学生明确的指示，用挥舞手臂代替教鞭既不能准确表达，又缺乏严肃性。

播放方式：应注意采用适当的多媒体播放方式，如果一个页面上内容较多，可采用分步播放的方式呈现。课件的播放应以学生可以接受的速度为准，给学生留出一定的思考时间，播放太快，学生的思维跟不上，会造成学生学习兴趣骤减，跟不上教学进度，导致教学效果下降，所以要选择适中的播放速度。

课件是多媒体教学的重点，是高校教学信息化的一个重要手段。教师需要持续积累知识，提升自己的多媒体课件设计和应用能力，以制作出优质的教学资源。同时，教师也需要重视教学策略的运用，将多媒体技术与传统教学方法有效融合，以达到最优的教学效果。

第三节 课件设计与制作的高级应用

一、课件转换成 PDF、Flash 或视频文件

有时因为教学的需求，需要将课件转换为 PDF 文件、Flash 文件或视频等文件格式。

（一）将课件转换成 PDF 文件

首先在电脑上安装 Adobe Acrobat 软件。以 PowerPoint 2016 为例，将课件转换成 PDF 文件一般有以下两种方法。

第一种方法是将课件虚拟打印为 PDF 文档。电脑上安装了 Adobe Acrobat 软件后，就会自动生成“Adobe PDF”虚拟打印机。打开课件后，选择“文件—打印”，在“打印机”处选择“Adobe PDF”，然后选择在一张 A4 纸上打印几张幻灯片，确定后单击“打印”将自动生成一个 PDF 文件。

第二种方法是“另存为”。在打开课件后选择“另存为 Adobe PDF”，将自动生成一个 PDF 文件。

（二）将课件转换成 Flash 文件

将课件转换成 Flash 文件的最大好处就是能够将课件中的动画与声音保留下来，在既能保持课件原貌的同时，又能防止别人修改。

首先需要安装一个转换软件，如 iSpring 软件，安装好后就会自动在 PowerPoint 2016 菜单栏出现“iSpring Free”菜单。打开课件后，通过快速发布（quick publish）和发布（publish）两种方式可将课件转换成 Flash 文件。

1．快速发布

单击“快速发布”按钮，出现转换窗口，转换完成后会自动打开文件夹，并在浏览器中运行该 Flash 文件。其优点是省事省心，不需要手动去设置参数；其缺点是所得到的 Flash 文件不能自动播放，需要手动点击播放。

2．发布

这种转换方式的好处是可以手动设置参数，以获得最理想的效果。单击“发布”按钮后，将出现 Flash 文件的参数设置窗口，设置好参数后，单击“发布”就可以生成 Flash 文件。

（三）将课件转换成视频文件

随着课件制作越来越精美化、动感化和多媒体化，有时需要把它转化成视频给学生观看，以往需要第三方软件 Wondershare PPT2DVD 来实现，现在 PowerPoint 2016 已经可以轻松进行转换。方法很简单，在 PowerPoint 2016 中打开课件，在“保存类型”中选择“Windows Media 视频（　.wmv)”，直接另存为“. wmv”格式即可。

二、课件的分屏放映

教师在讲台上使用课件授课时，要想彻底告别“照本宣科”，丢掉讲稿授课，就要用到 PowerPoint 的分屏放映功能。在制作课件时，可以把上课要讲的更详细的教学内容或注释写在备注里。演示时，学生在屏幕上只能看到课件的画面，教师在讲台的电脑屏幕上同时可以看到课件的画面和备注里的教学内容或注释。

下面以 Window 7 操作系统下 PowerPoint 2016 为例进行说明。

①制作课件时，将教学内容或教学注释写在备注里。

②在电脑上设置多屏显示。将电脑连接投影仪后（投影仪一定要开启），打开课件，单击 PowerPoint 工具栏中的“幻灯片放映—设置幻灯片放映”；这时

会弹出“设置放映方式”窗口，在“显示演示者视图（W）”前面的方框中打钩；在弹出的新窗口中单击“检查”，在出现的显示窗口中选择“多显示器（M）—扩展这些显示”，然后单击“确定”，再单击“保存更改”，就设置好了多屏显示。

③设置完成后，按“F5”键或单击右下角的“幻灯片放映”，可以直观地观看课件效果。

三、课件常用快捷键

快捷键的使用能够帮助教师更方便快捷地制作课件，不仅节约了时间，也使课件制作更为顺畅、准确。下面是课件制作中常用的快捷键。

① Ctrl+T：在句子小写或大写之间更改字符格式。

② Shift+F3：更改字母大小写。

③ Ctrl+B：应用粗体格式。

④ Ctrl+U：应用下划线。

⑤ Ctrl+l：应用斜体格式。

⑥ Ctrl+ 等号：应用下标格式。

⑦ Ctrl+Shift+ 加号：应用上标格式。

⑧ Ctrl+ 空格键：删除手动字符格式，如下标和上标。

⑨ Ctrl+C：复制文本格式。

⑩ Ctrl+V：粘贴文本格式。

⑪ Ctrl+E：居中对齐段落。

⑫ Ctrl+J：使段落两端对齐。

⑬ Ctrl+L：使段落左对齐。

⑭ Ctrl+R：使段落右对齐。

⑮ F5：从第一页开始放映幻灯片。

⑯ Shift+F5：从当前页开始放映幻灯片。

PowerPoint 在全屏方式下进行演示时，可以通过以下的方法来实现课堂演示时的快捷操作。

①输入 B 或句号：黑屏或从黑屏返回幻灯片放映。

②输入 W 或逗号：白屏或从白屏返回幻灯片放映。

③ N+Enter：实现幻灯片页面的跳转，N 是幻灯片的页数。

参考文献

[1] 张文忠，孙晓翠．信息化教学中的富媒体工具应用[M]. 上海：上海大学出版社，2021.

[2] 郝伟．大数据时代下信息化教学的实践与应用[M]. 北京：北京工业大学出版社，2018.

[3] 马启龙．信息化教育学原理[M]. 兰州：甘肃人民出版社，2017.

[4] 解继丽，邓小华，王清泉，等．教育信息化促进教学改革的保障体系研究[M]. 昆明：云南大学出版社，2015.

[5] 管昕．信息化教学推动职业教育现代化的探索研究[M]. 沈阳：辽宁大学出版社，2019.

[6] 洪文峰，李凤来．信息化教学的理论与实践[M]. 长春：东北师范大学出版社，2005.

[7] 李文高．教学设计的新领域：信息化教学设计[M]. 昆明：云南大学出版社，2013.

[8] 郭亦鹏．高校教学管理信息化建设[M]. 长春：吉林大学出版社，2016.

[9] 李文峰．“互联网+”背景下民族高校教师信息化能力提升研究[J]. 网络安全和信息化，2022（10）：33–36.

[10] 杨本芳，肖峰．教育信息化2.0时代高校教师信息化素养现实困境及提升路径探索[J]. 成都工业学院学报，2022，25（3）：87–91.

[11] 顾燕群．信息化时代高职教师教育技术能力培养路径探析[J]. 中国成人教育，2022（14）：74–77.

[12] 衣云龙，关颖，杨盛．高校教师教育信息化能力提升的途径探索[J]. 沈阳工程学院学报（社会科学版），2022，18（2）：102–106.

[13] 王涛．教育信息化背景下高校教师信息素养的培养路径[J]. 西部素质教育，2020，6（1）：113–114.

[14] 匡中芹．教育信息化背景下高校教师教学评价研究[J]. 鸡西大学学报，2015，15（7）：23–26.

[15] 徐良杰，霍立群，刘志．探索高校专业教师“信息化”教育之路[J]. 内江科技，2017，38（9）：108–109.

[16] 林梅珍．教育信息化环境下的高校教师角色探讨[J]. 福建教育学院学报，2014，15（4）：51–54.
[17] 王红磊．教育信息化环境下高校教师专业化发展策略研究[J]. 兰州教育学院学报，2012，28（8）：80–81.
[18] 卢红霞．信息化背景下高校教师教育技术培养模式探析[J]. 价值工程，2012，31（30）：284–285.
[19] 霍力岩．教育的转型与教师角色的转换[J]. 教育研究，2001（3）：70–71.
[20] 宋广文，苗洪霞．网络时代教师角色的转换[J]. 教育研究，2001（8）：40–44.
[21] 黄宇星．信息技术环境下教师角色与能力结构分析[J]. 福建师范大学学报（哲学社会科学版），2003（6）：122–125.
[22] 柯森．论信息时代教师角色的转变及师范教育的发展趋势[J]. 教育研究，1997（6）：74–76.
[23] 刘权．西部地区民办高校信息化管理创新研究[D]. 武汉：武汉大学，2020.
[24] 曾惠．教育信息化2.0背景下教师信息化教学能力结构模型研究[D]. 新乡：河南师范大学，2022.
[25] 武国立．TPACK视角下高校教师信息化教学能力发展研究[D]. 石家庄：河北师范大学，2019.
[26] 邢宏伟．面向智慧教育的高校青年教师信息化教学能力调查研究[D]. 大连：辽宁师范大学，2018.
[27] 张玉茹．教育信息化背景下的教师领导力研究[D]. 金华：浙江师范大学，2015.
[28] 尹伊．中小学教师教育信息化应用能力培训的实践研究[D]. 石家庄：河北师范大学，2014.
[29] 成佳．教育信息化背景下中学教师学习需求调查研究[D]. 西安：陕西师范大学，2013.
[30] 丁婧．功能层面的教育信息化评价标准研究[D]. 南京：南京师范大学，2011.
[31] 徐全胜．论教育信息化背景下的高校教师角色转换[D]. 南昌：南昌大学，2010.
[32] 徐曼．关于构建高校教师教育技术培训体系的研究[D]. 长春：东北师范大学，2007.